KB068358

나도
별의 순간을,
와이낫

효과적 학습과 폭발적 창조의
뇌과학적 핵심 원리

나도
별의 순간을,
와이낫 WHY NOT?

저자 **방형찬**

아무도 말해주지 않는 두뇌의 비밀

뇌과학이 알려주는 뇌의 무한한 잠재력	'생각대로 이루어진다.' 메커니즘	창조의 가속성 폭발성	별의 순간을 잡아라.
뇌도 변하고 나도 변한다.	우상향 행복? 향상심이 답이다.	백 가지 생각 중 하나를 딱 집어내기	두뇌 속 나비효과

바른북스

유레카의 순간은, 서서히 달구어지다가 어느 순간에 불이 당기며
폭발적으로 탄생하는 별의 순간과 아주 유사하다.
창조의 순간은 우리 마음속 별의 탄생 순간이라고 할 수 있다.

∞ 강아지는 새우깡을 좋아한다. 새우깡과 같은 양의 피드백은 강아지도 서핑을 하게 한다.
양의 피드백 특성은 가속성과 폭발성이다. (Robert Wood, "About Dog Surfing." Topend
Sports Website, 2008)

나도 별의 순간을,
와이낫[why not?]

"일생에 한 번인 별의 순간을 잡아라."

최근에 유명해진 이 문구, 들어본 적이 있나요? 나와는 거리가 먼 남의 일로만 들렸나요? 그러나 이 글들에선 남의 별이 아니라, 우리 자신의 별에 대해 이야기하려 합니다.

우리 은하에는 태양과 같은 별들이 약 1,000억 개가 있습니다. 뇌에도 약 1,000억 개의 뇌신경이 있습니다. 수소 원자들이 중력으로 응축되며 어느 순간 융합반응 불꽃이 붙으며 별이 탄생하듯 뇌에서도 새로운 아이디어 별[신경]이 탄생합니다. 우리가 창조라고 부르는 과정입니다.

필자의 최근 관심: 저는 과학 분야 일을 하였습니다. 직업으로 과학을 할 때는 좁은 전문 분야에 매이고 스케줄과 스트레스에 쫓기며 즐거움을 별로 느끼지 못하였다는 것이 솔직한 고백입니다. 그러나 현장을 떠난 지금은 최근 과학의 발전에서 그 초점이 드디어 우리의 뇌로 향하고 있음을 보며 접근이 불가능할 것 같던 영역으로 성큼 들어와 있음을 깨닫고 감동을 느낍니다. 특히 기억 과정이 드디어 규명되어 두뇌의 작동 메커니즘이 우리 삶에 보다 직접적으로 간여하는 것을 느끼며 깊은 감명을 받았습니다. 그래서 최근 뇌과학 발견들이 우리에게, 물론 제가 궁금하게 여기는 한정된 주제들이지만, 의미하는 바를 구체적으로 확인하고자 일상의 에세이 글로 쓰게 되었습니다. 특히 우리가 늘 부딪히는 학습과 창조에 대해 초점을 맞추었습니다.

어떻게 우리의 잠재력을: 그러면 학습과 창조에 대한 두뇌의 잠재력과 특성을 이야기해 보겠습니다. 세월이 훌쩍 지나고 보니 너무도 많은 시간들을 내가 하고 싶은 일들 어느 것도 제대로 하지 못하며 보냈다는 생각이 절실합니다. 그러나 이제라도 용기를 내어 'Never too late.', '지금이 시작할 시간이다.'라고 떠올리고 다짐합니다.

어떻게 하면 좋았을까? 어떻게 하면 우리의 잠재력을 제대로 펼칠 수 있었을까? 그러나 때때로 경험합니다. 강한 충동이 일어날 때에는, '자, 이를 어떻게든 써야겠다.'라는 생각이 들면 단지 30분, 1시간에도 내가 벼르던 글 한 편이 되는 것을 경험하곤 합니다. 물론 초벌을 두고 하는 이야기입니다. 내가 몇 년을 미루던 일도 더 이상 물러설 수 없는 상황이 되면 단 2~3시간에도 해내는 경험을 합니다. 그러나 이렇게 어쩌다 생기는 수동적 상황에 기대지 말고 좀 능동적으로 나의 두뇌를 다루는 방법은 없을까?

잠재력을 발휘하기 위한 중요한 조건은?: 두뇌는 나에게 그야말로 블랙박스입니다. 아니 생각에 잡히지도 않는 대상이었다고 말하는 것이 오히려 맞는 표현입니다. 그러나 일단 블랙박스라고 하지요. 내 마음대로 움직여 주지 않는 블랙박스입니다. 내 감정을 조절하고, 습관을 고치고, 일하는 패턴을 바꾸기가, 나의 블랙박스임에도 내가 원하는 대로 되지 않습니다. 나의 무의식에는 '우리 마음(두뇌)은 그런 거야.'라며 회피하는 생각도 있을 것입니다. 그러면 이 블랙박스를 어떻게 다루나요?

먼저 일반적인 블랙박스 모듈은 어떻게 사용해야 할까요? 용도에 맞게 써야 하고 사용법을 따라 써야 합니다. 나만이 내 손으로 가려운 곳을 긁을 수 있듯이 우리 두뇌 블랙박스는 오직 나만이 사용할 수 있는 도구입니다. 그러니 사용법도 내가 만들어 가야 한다는 말이지요. 따라서 우리 두뇌의 간단한 과학적 기본 기능과 특성을 이해하는 것은 큰 도움이 됩니다. 먼저 우리 두뇌의 잠재력을 살펴보고, 이 잠재력을 발휘하기 위한 중요한 조건들은, 또는 환경은 무엇일까 살펴봅니다.

스트레스와 게으름: 경험을 돌아보면, 무엇보다 잠재력을 가로막는 것은 나를 위축시키는 스트레스입니다. 내 몸의 스트레스 그리고 타인과의 다툼, 화냄, 공포, 불안 등과 같은 스트레스들입니다. 일단 감기에 걸려 열이 나기만 해도, 모기에 물려 가렵기만 해도 새로운 아이디어나 의욕은 자취를 감춥니다. 그리고 게으름처럼 나를 부정적으로 만드는 습관들, 이러한 것들이 우리 두뇌 잠재력을 녹슬어 버리게 합니다. 그러므로 이러한 스트레스와 습관의 관리는 중요한 문제이나 다른 하나의 큰 주제입니다. 이 글에서는 어느 정도 자유로운 몸과 정신 상태를 가정하고 우리의 잠재력 발휘에 초점을 맞추고자 합니다.

신경 네트워크와 회로 모델: 이제 우리 블랙박스를 이해하기 위해 약간의 두뇌 내부구조를 파악할 필요가 있습니다. 우리 뇌는 약 1,000억 개의 신경세포로 이루어져 있습니다. 그리고 각 신경은 수

천 개의, 시냅스라 불리는, 연결점들을 가지고 있습니다. 신경의 주 임무는 정보 전달입니다. 정보 전달은 이 연결점들을 통해 이루어집니다. 그러므로 이 신경들이 연결되어, 마치 컴퓨터 연결망처럼 네트워크를 이루고 있습니다. 그리고 복잡한 전자회로망처럼 연결되어 있다고도 이해할 수 있습니다.

전자공학자들은 이런 복잡한 전자회로를 이해하는 수단을 가지고 있습니다. 이른바 '회로 정리'를 통해 복잡한 회로를 등가회로 개념으로 아주 단순 모델화하여 이해합니다. 복잡한 블랙박스 회로를 입력, 출력, 피드백이라는 3개의 단자만을 가진 간단한 회로로 이해할 수 있습니다. 우리 두뇌 회로도 유사하게 이해할 수 있습니다. 즉 입력(감각 신호), 출력(운동신경) 그리고 피드백(두뇌의 중간 신경들) 3단자를 가진 간단한 회로 모델입니다. 여기서 입력과 출력은 쉽게 이해할 수 있습니다. 그리고 피드백은 출력을 조절하는 신호입니다.

음의 피드백 특성: 우리 방의 온도조절기를 보겠습니다. 온도조절기는 그 내부구조가 복잡한 블랙박스입니다. 온도조절기 블랙박스의 역할은 방 안 온도가 설정 온도보다 낮으면 난방기를 돌려 가열하고 높으면 난방기를 멈추어 방 안 온도를 일정하게 유지하는 것입니다. 온도조절기도 입력, 출력, 피드백으로 구성된 회로로 이해할

수 있습니다. 이때 입력은 방 안 온도, 출력은 전열기로 보내는 전기 신호라 둡니다. 그리고 피드백을 방 안 온도와 설정 온도와의 차이로 둡니다. 그러므로 방 온도가 설정 온도보다 낮으면 피드백 신호는 마이너스[-]가 됩니다. 그러나 이때 난방기를 켜야 하므로 난방기로 '켜라'는 온[+] 신호를 보내야 합니다. 이런 식의 피드백 작동은 피드백 신호와 반대 부호의 출력을 보내므로 음[-]의 피드백이라고 부릅니다. 우리 몸의 체온, 심장박동, 내분비계와 같이 항상성을 유지해야 하는 기능은 이런 음의 피드백 작동으로 이해할 수 있습니다.

양의 피드백과 가속 특성: 그러면 양의 피드백 작동은 어떨까요? 방 온도조절기가 양의 피드백으로 설정되었다고 가정합니다. 방 온도가 설정 온도보다 높으면 피드백 신호는 양[+]이므로 난방기로 온[+] 신호가 가게 되므로 방 온도는 더욱 올라갑니다. 그리고 방 온도가 올라가면 갈수록 더욱 가열하게 되므로 결국 방 온도가 치솟아 화재가 발생하는 폭발적 상황이 됩니다. 그러므로 양의 피드백은 온도조절 장치로서는 적당하지 않은 피드백입니다.

그러나 우리 두뇌에서는 이러한 양의 피드백이 매우 중요한 역할을 합니다. 양의 피드백이 효과적으로 작동하는 예가 사냥개의 사냥 감 추적 과정입니다. 처음에 냄새의 흔적을 찾지 못하고 헤매다가도 일단 미약한 냄새라도 맡으면 그 냄새의 방향으로 접근하고 그러면 냄새는 강해지고 그러면 더욱 빨리 접근할 수 있게 됩니다. 그러면 순식간에 사냥감을 찾아냅니다.

또 다른 예는 코로나19의 확산 과정입니다. 감염지수가 1을 넘으면 (발생한 환자 한 명이 한 명 이상에게 전파하는 상황) 환자 수가 증가합니다. 환자 수가 증가하면 자연히 감염자 수가 더욱 증가하고 이 과정이 가속되며 환자 수는 폭발적으로 늘어납니다. 우리가 지난 몇 번의 확산을 경험한 것처럼 방지 조치가 없으면 폭발적으로 확산됩니다. 이러한 양의 피드백 현상은 가속 현상을 일으키는 폭발적 특성을 가지고 있습니다.

별의 탄생도 양의 피드백 현상: 별의 탄생 순간도 양의 피드백 현상으로 이해할 수 있습니다. 우주 공간에서 수소와 같은 물질들이 중력에 의해 응축하며 온도가 오르게 됩니다. 물질들이 응축하면 중력은 더욱 증가하고 응축 속도도 빨라지고 별의 온도가 가속적으로 올라갑니다. 급기야는 융합반응이 일어나는 온도까지 증가하여 엄청난 에너지와 빛을 발생시키며 별이 탄생하게 됩니다. 별의 탄생은 대표적인 양의 피드백 현상입니다.

양의 피드백 과정이 우리의 뇌에서도 매우 중요한 역할을 합니다. 우리의 학습, 탐구, 그리고 창조 활동 등이 모두 양의 피드백 현상입니다.

양의 피드백의 가속 조건: 그러면 어떻게 우리의 학습, 탐구, 창조 활동들이 꽃피우게 할 수 있을까요? 중요한 것은 이 과정이 소멸되지 않고 가속되도록 해야 합니다. 코로나 확산처럼 그 감염지수가 1보다 커야 하듯 두뇌의 학습, 탐구, 창조 활동에서도 확대 재생산되는 양의 피드백 가속 조건이 있습니다. 일단 가속 조건을 넘어서게 되면 결국 새로운 두뇌 속 별의 탄생은 속도의 문제일 뿐입니다. 먼저 지속적으로 양의 피드백을 공급하여 가속 조건을 만들어 주는 것이 창조의 제일 요령(원리)이라고 할 수 있습니다.

이 책은 필자의 일상 에세이 글들로 이루어져 있습니다. 대략적 주제의 흐름은 다음과 같습니다. 1장에서는 뇌가 우리에게 전하는 메시지를 생각해 봅니다. 2장에서는 두뇌의 무한한 가능성과 잠재력을 다룹니다. 이 무한성은 두 가지 측면을 갖고 있습니다. 하나는 두뇌 활동의 운동장, 즉 무한한 기억 용량이 제공하는 무한 가능성이고 또 하나는 이 운동장에서 달릴 수 있는 엔진, 즉 창조력의 가속성, 폭발성에 관한 관점을 다룹니다. 3장에서는 뇌신경의 구조와 인

식 특성에 관한 글입니다. 4장은 이러한 무한한 잠재력 발휘의 선결
조건이 되는 구속되지 않는 자유로운 정신에 관해서입니다. 5장은
뇌의 가속적 폭발적 창조 특성을, 즉 두뇌의 무한한 잠재력의 엔진
특성을 다룹니다. 6장에서는 두뇌 작동 메커니즘이 적나라하게 드
러나는 일상생활 측면들을 접하며 필자가 이들을 주제로 쓴 에세이
들을 모았습니다.

● **차례**

※
뇌도 변하고 나도 변한다.

※
뇌의 작동 원리를 이해하여, 차 기어 바꾸듯 뇌를 운전한다면
얼마나 쾌적한 인생 드라이빙이 될 것인가?

※
성공을 원하는가? 뇌의 인식패턴을 이해하고 이용하자.

제1장

학습과 창조에 관한 뇌과학 메세지

뇌에 대한 나의 관심

_ 거울 속 세상, 두뇌 속 세상

지금 우리는 드디어 뇌의 새로운 세상 속으로
들어가 볼 수 있는 시대에 살고 있다.

∞ 거울을 물끄러미 들여다보노라면 거기에 또 다른 세상이 있는 듯 느껴진다.

| 나도 별의 순간을, 와이낫 |

중학교 때였을까? 읽었던 만화 이야기 구도가 잊혀지지 않는다. 일종의 마경인데, 주인공이 벽에 걸린 거울로 뛰어들어 마경 세상 속으로 드나들 수 있는 설정이었다. 어려운 상황이 되면 거울 속으로 들어가 사라진다. 한번 들어가면 누군가가 마경 테두리를 종이처럼 도려내어 두루마리로 둘둘 말아 갖고 다닐 수 있었다. 그리고 언젠가 다시 나오는 설정이었다. 거울을 물끄러미 들여다보노라면 거기에 또 다른 세상이 있는 듯 느껴진다. 그런 호기심 때문인지, 만화 내용은 잊었으나 마경의 설정은 아직도 기억에 남아 가끔씩 그 속으로 들어가 보는 상상을 하였다.

요즈음 과학의 발전은, 초점이 인간의 뇌를 향하고 있다. 머나먼

별들에서 시작된 인류의 호기심이 드디어 궁극적인 인간 자신의 마음, 즉 뇌를 정조준하고 있다. 요즈음 뇌신경의 연구는 해부학적 차원을 넘어서 기억의 과정이 분자 레벨까지 과학적으로 밝혀지고 있다. 쾌락과 고통, 행과 불행, 괴로움과 즐거움, 우울과 고양 감정들은 특정 호르몬들의 작용이라는 것이 이미 잘 알려져 있다.

그러나 뇌에 관한 연구는 좀 특별한 면이 있다. 바로 우리의 생각, 반응, 감정 등 밀접하게 우리 자신과 연결된 연구라는 것이다. 기존의 과학적 발견들이 우리 일상과는 동떨어진 느낌을 주었음에 반해 뇌과학의 새로운 발견들은, 우리 경험을 통해, 공감을 느낄 수가 있다. 학교에서 새로운 것을 배울 때, 주의집중을 해야 하고, 또 복습(연습)을 해야 한다는 것을 배웠다. 선생님의 경험을 전해주시는 것이라 생각하였고 귀에 못이 박히도록 배웠다. 그러면서 우리 자신도 많은 경험을 통해 이를 확인하여 왔다. 기억 과정의 규명으로 2000년 노벨상이 에릭 칸델 교수 등에게 수상되었다. 예를 들어보자. 기억하는 것은 신경 간의 새로운 연결이 만들어지는 과정이다. 새로 만난 친구의 얼굴을 기억하는 것은 단순히 말하면 친구의 얼굴 모습 신경과 이름 신경이 연결되는 것이다. 이 연결 부분을 '시냅스'라고 부른다. 시냅스는 생체 조직이다. 생체 조직이 만들어지기 위해서는 어느 정도 긴 시간이 걸린다. 주의집중할 때 분비되는 도파민이 바로

| 나도 별의 순간을, 와이낫 |

이 생체 생성 신호가 된다. 그러므로 기억이 만들어지기 위해서는 어느 정도 긴 주의집중 시간이 유지되어야 한다. 또 이 연결이 오랫동안 기억으로 남기 위해서는 새 연결 조직의 고착화 과정이 반드시* 이루어져야 한다. 흐려지던 기억이 복습[연습]에 의해 다시 강해지고 또렷해진다. 즉 기억의 메커니즘이 주의집중과 연습을 요구하며 배움의 요체가 되는 이유이다. 새로운 과학적 발견을 바로 경험으로 확인할 수 있고 공감할 수 있는 예이다.

이제 과학은 뇌에 관한 새로운 사실들을 알려줄 뿐만 아니라, 일상과 동떨어진 것이 아닌 바로 우리 일상활동에 대한 새로운 시각을 제공해 주고 있다. 그러면 차츰 밝혀지고 있는 뇌신경의 구조와 기능들이 배움이나 탐구, 창조 활동 등에 관해 어떤 새로운 사실들을 알려주고 있을까? 우리의 자의식 '나'에 대해서는 어떤 새로운 설명을 해줄 수 있을까?

예부터 자아를 이해하려는 마음의 공부는 산으로 들어가 혼자서 헤매다가 경험을 통해 잘 아는 사람 또는 선지자를 만나 물어물어

---

* 물론 평생 유지되는 충격적 사건의 기억도 있으나 일반적인 기억의 경우는 기억을 다시 떠올리는 고착화 과정이 없으면 어느 정도 시간이 지나 사라진다.

가는 식이었다면, 뇌신경의 기능을 이해하는 것은 뇌의 지도를 보며 뇌 속 산길을 가는 것으로 비유할 수 있지 않을까? 기억 메커니즘의 과학적 규명 같은 확실한 지식 하나는 상상할 수 없이 큰 효과를 갖는다. 갈릴레이의 관성 실험이라는 작은 눈덩이를 산마루에서 굴려 내리자 비로소 과학의 장이 열리며 과학 문명이 꽃을 피우듯이.

지금 우리는 드디어 뇌의 새로운 세상, 그러나 불투명한 마경이 아니라 명경(明鏡) 속으로 들어가 볼 수 있는 시대에 살고 있는 게 아닐까?

뇌과학은 현재 어떤 질문에
답을 줄 수 있을까?
_ 보편적 과학적 가치관

> 뇌의 무한한 잠재력을 이해할 때,
> 삶의 의미를 다시 생각하고 희망을 가질 수 있게 된다.

∞ 가치관의 혼란에서 방황하는 우리에게 과학은 지금 어떤 서광을 비쳐주고 있을까?

예거 실험, 청소년 정신건강: 최근(2015년) 청소년들의 정신건강에 관한 중요한 연구 결과가 발표되었다.* 텍사스 대학 예거 교수는 우울증 치료를 받고 있는 중3 나이 또래 학생들 600명을 대상으로 실험을 하였다. 청소년들 대부분이 자기 개성은 고정된 것이라고 믿는 것에 착안한 실험이었다. 실험은 학생들을 대상그룹과 컨트롤 그룹(대상 그룹과 비교하기 위한 연구주제 불적용 그룹)으로 나뉘어 진행되었다. 연구 결과는 컨트롤 그룹은 9개월 후 학생들이 계속된 치료에도 불구하고 우울증 증세가 39% 증가하고 있음을 보여주었다. 이는 컨트롤 그룹 청소년들이 현재의 치료 환경에서는 고등학교를 졸업할 때 즈

---

* 에이미 커디, 《프레즌스》(2016).

| 나도 별의 순간을, 와이낫 |

음에는 10명 중 8~9명이 심각한 우울증 상태에서 졸업한다는 것을 의미하였다. 그러나 연구 대상그룹 학생들에게는 뇌신경 연결의 가변성, 즉 뇌(신경)의 가소성에 대한 정보를 주었다(용어설명: 시냅스 가소성). "뇌는 가소성을 가지고 있다. 뇌에 지속적인 정보를 주면 해당 뇌 영역의 기능과 역할이 바뀐다. 즉 우리 개성은 고정된 것이 아니고 변한다."는 과학적 정보를 단순히 읽게만 하고 관찰한 결과, 정보를 읽은 학생들은 9개월 후에 우울증 증세를 평균적으로 전혀 보이지 않았다. 두 그룹의 차이는 단지 '뇌도 개성도 변한다.'는 정보를 보았는가? 아닌가? 뿐이었다. 우리 뇌는 항상 변하며 쉽게 변하며 우리 자신의 개성도 변한다는 것을 학생들이 단순히 인식하기만 해도 정상적으로 성장한다는 것을 보여주는 중요한 연구 결과였다. 개성을 개선할 수 있다는 것을 아는 순간, 개선을 위한 학습을 시작하며 향상심을 품게 되는 결과라고 생각한다.

청소년들의 방황: 청소년들이 방황하고 있다. 기존의 가치관들은 붕괴되고, 급변하는 사회와 정보의 홍수 속에서 청소년뿐만 아니라 우리 모두가 같은 고민을 가지고 있다. 어려울 때일수록 뿌리로 돌아가라고 한다. 이는 다양한 개개의 현상들보다는 근본이 되는 핵심 원리를 붙잡으라는 말일 것이다. 우리는 지금 과학의 시대에 살고 있다. 과학의 특성은 언제나 어디서나 성립하는 만유의 보편성이

다. 이러한 보편 과학적 뿌리에서 갈 길을 찾을 수 있다면 얼마나 좋을까? 가치관의 혼돈에서 방황하는 우리에게 과학은 지금 어떤 등댓불을 비춰주고 있을까?

기억 과정의 규명과 정신세계 이해의 새로운 단계: 지난 수 세기에 걸쳐 엄청난 발전을 이룩한 과학은 우주에서 생명에 이르기까지를 보편적 통일적으로 설명하고 있다. 이는 인류 역사상 최초의 일이다. 그런 의미에서 우리는 새로운 시대에 살고 있다. 21세기에 들어서며 과학은 기억의 메커니즘*을 밝힘으로써 우리 의식을 새롭게 이해하는 시대에 접어들고 있다고 생각한다. 그러면 과학은 삶의 지혜들을 과학적 관점에서 풀어낼 수 있을까?

기억 과정과 기억의 루프 모델: 기억 과정은 뇌작동의 기반이다. 그리고 기억은 우리 의식의 근간이 되고 있다. 우리가 새로운 경험을 하면, 뇌에는 관련 신경들의 새로운 시냅스 연결들이 만들어지며 기억으로 남는다. 또 이 연결망을 자주 사용하면 새로운 시냅스가 만들어지거나 강화되고 오래 사용하지 않으면 소멸된다. 이러한 시냅스 연결의 변화를 '시냅스 가소성(synapse plasticity)'이라고 한다(용어설

---

* 2000년 E. 칸델 신경생리학으로 노벨상 수상.

| 나도 별의 순간을, 와이낫 |

명: 시냅스 가소성). 시간이 지난 후, 이 연결망의 어느 한 신경에 자극 신호가 오면 이 신호가 연결망에 흐르게 되고 뇌는 관련 기억들을 동원(회상)할 수 있게 된다.

그런데 신경 전기 신호의 흐름은 액손(용어설명: 신경구조)을 따라 한쪽 방향으로만 흐르는 일방통행이다. 이는 이미 1890년 카할에 의해 밝혀졌다. 우리가 기억한 것을 회상할 수 있다는 것은 즉 정보를 우리 뇌에 넣었다가 빼낼 수 있다는 것이다. 그러나 정보를 넣을 때 경로와 빼낼 때 경로가 일방통행이기 때문에 서로 달라야 한다. 그러므로 기억은 회상할 때에는 입력경로와 다른 경로를 이용해야 하고 필연적으로 입력경로와 출력경로가 하나의 루프를 구성해야 한다. 루프처럼 닫힌 연결 구조를 가지고 있어야 기억으로서 역할을 한다. 기억의 '루프 모델'이라고 명명할 수 있다. 우리가 새로운 것을 배울 때는 기억시키기에 바쁘다. 즉 입력시키기에 바쁜 과정이고 출력경로가 충분히 만들어지지 않는다. 출력경로가 충분히 만들어지기 위해서는 반드시 입력한 것을 빼내는 회상 또는 연습(복습) 과정을 거쳐야 한다. 이렇게 연습할 때, 기억 정보를 빼내는 새로운 출력경로가 잘 만들어진다. 학습할 때 연습이 중요한 이유이다. 기억(또는 학습)과 회상(또는 연습, 복습) 과정은 둘 다 새 시냅스 조직을, 즉 새 단백질을, 만들어야 하기 때문에 시간이 걸리고 뇌로서는 많은 에너지가 들어가는 쉽지 않은 과정이다. 그러나 연습 과정은 잘 회상하기 위해 그리고 정보를 장기적으로 기억하기 위해서는 반드시 필요한 과정이다. 연습은 출력망을 형성할 뿐만 아니라 신경 시냅스 연결을 강화하여 빠르게 정보가 통하게 한다. 말하자면 기억 정보의 고속화라고 할 수 있다. 정보를 입력시키는 기억 과정과 다시 기억해 내는 회상 과정은 우리가 정보를 흡수하여 사용하는 학습의 기본 과정을 이루고 있다. 그러나 이 기억의 연습 과정에 대한 중요성이 소홀히 되는 경향이 있다. 연습의 중요성이 쉽게 이해되도록 구체적으로 전달되지 않아서라고 할 수 있다. 특히 왕성한 배움의 시기인 청소년들에게 배움에 대한 좀 더 과학적인 이해가 필요하다고 생각한다.

어떤 질문들에 답을 해줄 수 있나? 그러면 우리 두뇌의 뇌과학적 이해는 어떤 질문들에 답해줄 수 있나? 우리가 새로운 것을 배우려면 왜 정신 집중을 해야 하는지, 왜 동기 유발이 되어야 학습이 효과적으로 이루어지는지, 어떻게 칭찬이 고래를 춤추게 하는지, 왜 필요는 창조의 어머니인지, 왜 습관 고치기가 힘든지, 부정적 습관은 왜 우리를 피폐하게 만드는지, 아이가 능력을 발휘하기 위해서는 왜 자유시간이 필요한지 등을 뇌신경 모델은 알기 쉽게 설명해 준다.

인간의 두뇌는 창의를 위해 만들어진 우주 최고의 창조물이라고 할 수 있다. 창의 또는 창조 과정은, 서서히 달구어지다가 어느 순간에 불이 당기며 폭발적으로 탄생하는 별의 과정과 아주 유사하다. 우리 마음속 별의 탄생 순간을 잡기 위해 이 책의 글들이 조금이라도 도움이 되었으면 한다.

동기 부여와 희망을: 뇌의 무한한 잠재력을 이해할 때, 우리는 자신의 뇌가 잘 작동케 하려는 동기 부여와 희망을 가질 수 있게 된다. 뇌구조와 기능의 이해는 두뇌의 작동법을 자연스럽게 제시한다. 글머리의 최근 예거 교수 실험 결과는 과학적 지식이 청소년들에게 얼마나 효과적인지를 보여준다. 과학적 사실을 이해할 때, 청소년들의 향상심이 새로운 활력을 얻고 있음을 실증적으로 보여주고 있다.

청소년들뿐만 아니라 우리 모두 뇌의 작동 원리를 이해하여 자동차의 기어 바꾸듯이 뇌를 운전한다면 훨씬 더 쾌적하고 보람찬 인생 드라이빙이 되지 않을까? 이 책이 두뇌 드라이빙 원리와 기술을 이해하는 데 도움이 되었으면 하는 바람이다.

뇌가 깔아놓은 잠재력의 운동장

_ 뇌과학이 보내는 메시지

뇌과학은 두뇌가 무한한 잠재력의 운동장과 그 운동장을 누빌 수 있는
강력한 엔진을 제공하고 있음을 알려주고 있다.
다시 말해 두뇌는 무한한 창조의 인프라를 제공하고 있다.

∞ 웅덩이나 돌멩이가 널려 있는 운동장에서 손흥민의 잠재력이 펼쳐질 수 있을까? 우리 두뇌
의 잠재력 발휘를 위해서도 자유로운 정신의 운동장이 필수적이다.

요즈음 유튜브 1인 방송시대가 활짝 열리며 사용자가 폭발적으로 늘어나고 있다. 유튜브와 같은 외적 가능성과 함께 또 한편으로는 우리 내적 가능성의 폭발을 경험할 수 있는 뇌과학 시대가 열리고 있다. 이렇게 급변하는 다양한 환경은 오히려 우리를 혼란스럽고 불안케 할 수도 있다. 그러나 뇌과학의 메시지는 아날로그적이고 내면적이다. AI[Artificial Intelligence, 인공지능] 같은 외적 가상적이 아닌 백 퍼센트 나 자신의 내적 자연적 지능에 관한 메시지이다. 불안해할 필요가 없는 우리를 뿌리로 돌아가게 하는 메시지이다. 오히려 우리의 삶에 동기를 부여하고 희망을 가질 수 있게 한다. 그러면 스트레스와 불안의 시대에 살고 있는 현대인에게 과연 뇌과학의 발견들은 어떤 메시지를 주는 것일까?

뇌의 메시지: 이들 새로운 뇌신경 구조와 기능의 발견이 주는 가장 중요한 메시지는 뇌가 과연 우리에게 '어떤 장을 펼쳐놓는가'이다. 첫째, 무한한 잠재력이다. 뇌과학은 두뇌가 무한히 넓은 운동장과 그 운동장에서 마음껏 달릴 수 있는 강력한 엔진을 제공하고 있음을 과학적 발견을 바탕으로 알려주고 있다. 뇌[과학]의 메시지는 그 운동장이 무한히 넓고 또 운동장을 누빌 엔진은 무한히 강력한 힘을 가지고 있다는 것이다. 둘째, 손흥민이 웅덩이나 돌멩이가 사방에 널려 있는 운동장에서 그의 잠재력을 제대로 펼칠 수 있을까? 그의 명품 슛을 보기 위해서는 걱정 없이 뛸 수 있는 잔디 운동장, 마음껏 자유롭게 뛸 수 있는 운동장이 필수적이다. 이 두 메시지를 다음처럼 간단히 정리할 수 있다.

1. 뇌의 무한한 잠재력과
2. 자유로운 정신이다.

즉 자유로운 정신을 가질 때 비로소 무한한 잠재력을 펼칠 수 있게 된다.

'과학적'이란? '무한한 가능성 또는 잠재력' 우리가 자주 들어오던 말이다. 새로울 것도 없는 말이 아닌가? 무슨 특별한 의미가 있

| 나도 별의 순간을, 와이낫 |

는가? 과학적 발견이라는 사실이 이를 특별하게 만들고 있다. '과학적'이라 함은 보편적이라는 의미를 갖고 있으며 이 무한한 가능성이 특정한 사람들만의 가능성이 아니라 누구나의 가능성이라는 것을 의미한다. 즉, 천재들만이 아니라, 우리, 너와 나의 가능성이고 구체적, 현실적 가능성이다.

잠재력을 가로막는 원인은? 그러나 이러한 가능성과 잠재력을 발휘하지 못하는 가장 큰 원인 중의 하나는 자유로운 정신을 묶어버리는 관습적, 타성적 사고방식이다. 우리는 자신을 친구와 비교하며 기가 죽는다. 비교하는 순간 무한한 잠재력을 가진 '나'라는 존재가 빨랫줄 위를 기고 있는 개미 신세가 되어버린다. 즉 우리에게 열려 있는 무한한 자유공간으로부터 눈을 돌려 스스로를 빨랫줄의 일차원 존재로 한정해 버린다. 우리는 또 가다가 막히고 하다가 안 되면 낙담하고 좌절한다. 개미의 시각이라고 할 수 있다. 그러나 에디슨은 말한다.

"I have not failed.
I have just found 10000 ways that did not work."
"나는 실패하지 않았다.
나는 단지 작동하지 않는 만 가지 방법들을 발견했을 뿐이다."

차를 운전하다가 막다른 길이면 막힌 골목임을 확인한 것이고, 또는 안 되는 방법이었음을 확인한 것일 뿐이라고 말한 것이다. 에디슨은 왜 그렇게 말할 수 있었을까? 왜 실패라고 하지 않았을까?

무한한 잠재력에도 불구하고, 우리가 좌절하고 있는 이유는 개미의 시각으로 시야를 좁히는 잘못을 범하기 때문이다. 개미의 시각으로 우리 자신을 묶어버리고 한정해 버린다. 개미의 시각을 갖는다는 의미는 넓은 공간을 1차원으로 축소시킨다는 것이다. 또 긴 인생을 짧은 시간에 승부를 보려 한다면 무한한 잠재력이 발휘될 수 있을까? 나의 잠재력은 나의 일생을 통해 발현된다. 나는 나만의 독특한 개성과 환경을 가지고 있고, 나만이 활용할 수 있다. 그러므로 나 이외의 누구도 대신 발현시킬 수가 없다. 오직 나만이 이 독특하고 유일한(unique) 잠재력을 계발하고 발휘케 할 수 있을 뿐이다. 그러므로 밖으로 나간 시선을 자신으로 돌려 해법을 찾아야 하는 이유라고 생각한다.

뇌과학은 나침반을 제공: 내가 처해 있는 상황이 어렵고 절망적이면 내 머리나 환경이 나빠서라기보다는 두뇌의 사용법이 올바르지 못하거나 아예 두뇌를 쓰려고 하지 않는 게으름이 바로 어려움의 핵심일 수 있다. 두뇌는 퍼내도 퍼내도 솟아오르는 샘물처럼 얼마든지

| 나도 별의 순간을, 와이낫 |

자원과 능력을 제공한다. 문제는 내가 시선을 돌려버리는 것이다. 그러나 문제는 고개를 돌리고 시선을 돌리는 것처럼 간단하지만은 않다. 우리가 두뇌를 쓰지 않는, 또는 쓰지 못하는 이유는 일상 속에서 얼핏 드러나지 않는다. 어쩌면 교묘하게 숨어 있다. 우리 모두는 두뇌 사용의 아마추어다. 그러나 뇌에 관해 밝혀지고 있는 새로운 사실들은 우리에게 많은 도움 자료들을 제공하고 있다. 이 자료들은 숲속을 헤매는 우리에게 나침반 또는 사용설명서와 같은 도움을 줄 수 있을 것이다. 이 글들은 두뇌의 기초 작동법을 우리의 일상에 적용하며 설명하고 있다.

※

뇌는 최근의 생각과 인식패턴에 가장 큰 영향을 받게 되어 있다. 바로 전에 나의 인식이 긍정패턴이었으면 이번에도 십중팔구 긍정패턴으로 이어진다. 아무리 굳어 있는 습관이라도 새로운 행동을 하면 두 번째, 세 번째는 점점 더 쉬워진다. '시작이 반'이라는 말의 과학적 근거이다.

※

에디슨의 엄마에 대한 신뢰는 세상에 대한, 우리 자신에 대한,
그리고 자신의 무한성에 대한 신뢰의 기반이 되었다.

제2장

두뇌의 무한한
가능성과 잠재력

1

메시지는 좋으나
나와는 거리가 좀

창조라는 말을 우리는 특별한 사람들만을 위한 것으로 생각하는 경향이 있지만,
창조는 우리 모두의 일상이다. 그러면 무한한 잠재력의 운동장에서
어떻게 창조의 폭발을 일으킬 수 있을까?

∞ 잡스는 "그 두 점은 반드시 연결되게 되어 있어요. 믿으세요."라고 하였으나 뇌과학은 이를
'무한성'이란 말로 바꾸어 말할 뿐이다.

| 나도 별의 순간을, 와이낫 |

무한한 기억 용량: 지금까지 뇌의 두 메시지, 뇌의 무한성과 자유로운 정신의 중요성을 말하였다. 그동안 우리는 두뇌의 10%도 사용하지 못한다고 하였지만, 이는 뇌신경에 대한 잘못된 이해에서 나온 말이다. 현대의 뇌과학 지식으로 10%라는 말은 완전히 잘못 짚은 말이고 비교이다. 우리 뇌는 전체의 몇 퍼센트라고 한계 지을 수 있는 대상이 아니다. 몇 프로라는 말은 아마 기억이 어떻게 작동하는지 잘 모르던 때 막연히 기억을 컴퓨터의 메모리처럼 생각해서 한 말일 것이다. 뇌의 기억은 컴퓨터의 메모리와는 완전히 다른 방식으로 작동한다. 컴퓨터의 메모리 같은 한계가 뇌에는 존재하지 않는다. 한마디로 뇌에는 기억 한계가 존재하지 않는다.

그러면 무한한 두뇌의 가능성이 과학적으로 밝혀졌다는 것을 어떻게 이해해야 하나? 실질적으로 무한한 가능성이 있다는 말이다. 무한한 가능성이 있다는 말은 무한한 정보가 있다는 말이다. 뇌는 말할 것이다.

"이봐, 여기야, 여기!"

"다른 데 두리번거리지 말고, 여기 봐. 여기에 있어!"

"네가 찾고 있는 게 여기에 있어!"라고 말하는 게 아닐까?

무한성을 말해주는 경험들:

"생각대로 이루어진다." - James Allen

"일체유심조〔一切唯心造〕" - 원효

"구하라, 그러면 이루어지리라." - 성경

이 유명한 말들이 그냥 나왔을 것인가? 뒤집어 보면 전해져 오는 이 말들이 바로 우리 두뇌의 무한한 가능성을 경험적으로 확인해 주고 있다고 생각한다. 그리고 이제 과학적으로 이를 뒷받침하고 있다. 이는 특정한 사람들만의 가능성이 아니라 보편적인 가능성임을 의미한다. 즉 우리들, 너와 나의 가능성이자, 현실적 가능성이다. 좋다. 그러면 What's next?이다.

두 점의 연결을 믿으세요. 잡스: 그러나 현재의 계획이나 목표와 미래의 이루어짐 즉 결과 사이에는 커다란 시간적 간격이 놓여 있다. 산 정상에 꽂아놓은 저 깃발, 즉 나의 목표는, 지금 나와는 너무나 멀리 그리고 높이 꽂혀 있는 깃발일 뿐이다. 어떻게 저 커다란 시간적 간격을 뛰어넘어 성취하고 이룰 수 있단 말인가? 그러나 스티브 잡스는 후일 자신의 대학(반 학기 다니고 중퇴한) 시절을 돌아보며, "그 두 점은 반드시 연결되게 되어 있어요. 믿으세요."라고 스탠퍼드대 졸업식에서 졸업생들에게 축사를 하였다. 아마 그는 두 점이 연결되게 됨을 달리 보여줄 방법이 없어 단순히 '믿으라'고 하였으나 뇌과학은 이를 '무한성'이란 말로 바꾸어 말할 뿐이라고 생각한다.

우리 두뇌의 가능성이 무한하다는 말, 즉 무한한 연결 경로가 있다는 말은 현재의 시작점과 미래의 저 깃발 지점을 연결하는 길이 반드시 있다는 말과 다르지 않다. 우리가 이루지 못하는 것은 그 경로가 없어서, 방법이 없어서가 아니라 아마 저 깃발을 우리 시야에서 놓치기 때문일 것이다.

메시지는 나에게 무슨 말을? 깃발은 꽂혀 있다. 저 멀리, 저 높은 곳에. 그러나 막막한 느낌, 답답한 현실로 돌아오면 숨이 막힌다. 내가 이렇게 갇혀 있는데 어떻게 저 깃발이 눈에 들어오는가? 그러나 이렇게 꽉 막힌 현실은 어쩌면 객관적인 나의 현실 이상으로 내가 느끼고 있는지 모른다. 무엇이 나를 가두고 있는가? 직장 상사인가? 또 다른 외적 존재들인가? 아니면 나 자신의 생각인가? 어려울 때 뿌리로 돌아가라는 말은 자신으로 돌아오라는 말일 것이다. 뇌의 무한성/자유의 메시지는 이렇게 힘든 나에게 무슨 말을 해주고 있을까?

왜 나는 기억력의 한계를 느끼는가
_ 단기기억과 장기기억

문자 그대로 티끌 같은 존재라고 할 수 있는 인류는 이 장대한 우주에
법칙이 존재함을 알아냈고 이를 밝히기까지 한 특별한 존재이다.

∞ 트럭에 가득 싣는 양은 장기
기억 한계에 해당하고 내가
간신히 들어 올리는 밀가루
한 포대는 단기(작동)기억에
해당하는 한계라고 할 수 있
다. (US National Archives &
DVIDS - GetArchive)

※

가슴 철렁했던 기억: 이젠 시간이 꽤 흘렀다. 관악산에 갔다가 일어난 일이었다. 관악산은 바위산이다. 곳곳이 돌로 되어 있어 악산〔岳山: 바위 악〕이라고 한다. 관악산, 북악산, 설악산 등이 다 바위산, 악산이다. 자운암에서 오르는 관악산 등산로는 정상까지 바위로만 이루어져 있다. 자칫 발끝이 슬쩍 걸리기라도 하면 그대로 큰 실수로 이루어지기 쉬운 산이다. 특히 내리막길에서 발걸음을 조심해야 한다. 그래서 관악산을 오르내릴 때는 '주의하자'는 생각을 늘 하지만 익숙해지다 보면 그저 구두선이 되는 경우가 많다. 그날도 해가 저물기 시작해서 서두르며 내려오고 있었다. 그런데 발끝이 슬쩍 스치더니 몸의 중심이 앞으로 기울며 넘어지는 것을 막으려 발을 빨리 내디뎠으나 한두 걸음 나가다 굴렀다. 잠시 정신을 차린 후 다친

| 나도 별의 순간을, 와이낫 |

곳은 없는지 살펴보았다. 여기저기 얼얼하지만 크게 다친 곳은 없는 듯하였다. '다행이다.' 몸을 천천히 움직이며 일어나 보니 한길이 훨씬 넘어 보이는 낭떠러지 일보 직전에 멈춘 것이었다. 두고두고 생각해도 가슴 철렁해지는 실수였다.

실수는 경고: 얼마 전에도 냉장고에서 그릇을 꺼내다가 위에 놓인 유리그릇이 미끄러져 떨어졌다. 실수인가? 실수라고 생각했는데 치우고 앉아서 조용히 생각하니, '오늘 내가 좀 서두르는 마음이 있었어.' '내가 요즈음 서두르고 있어. 고쳐야 해.'라고 실수라며 넘어가 버리기는 찜찜하였다.

'이렇게 계속 서두르면 안 돼.'라는 경고로 느껴졌다.

실수와 기억의 한계: 무엇을 실수라고 하는가? 변명이라고도, 재수가 없어서라고도, 우연이라고도 하지만 곰곰이 생각하면 다 이유가 있는 것 같다. 失手는 한자를 그대로 해석하면 '手(손)를 놓침'이다. 머리로는 생각했는데 '손이 따라주지 않은 것' 정도로 해석할 수 있을 것 같다. 즉 생각과 행동의 괴리? 아니 괴리는 아니고 단지 약간의 시간차가 만드는 문제이다. 즉 생각이 행동으로 나타나려면 일정 시간이 필요하다. 평소에는 눈에 띄지 않지만 바쁠 때, 서두르는 마음일 때, 빠른 동작 중에, 나이가 들어갈 때, 이들 효과가 드러나게 된다. 그

래서 실수는 이런 경우들에서 대부분 발생한다. 이 시간차는 우리가 생명체라는 것을 확인하게 하는 현상이기도 하다. 신경 액손(축삭)(용어 설명: 신경구조)에서 신호가 전달되는 속도가 유한하기 때문이다. 이 전달 속도는 신경 종류에 따라 다르게 나타나지만 발과 신호를 통하는 대퇴 신경의 경우 약 30m/s이다. 1초에 30미터의 속도이다. 인간의 달리기 속도보다는 빠르나 크게 다르지 않다. 그러므로 뇌에서 발로 신호가 전달되는 데 적어도 0.1~0.3초 정도의 시간이 걸린다.

시험을 보고 온 아이가 "내가 아는 건데 틀렸어."라고 할 때, 아이는 풀 수 있다고 생각했는데 나중에 보니 틀렸다. 단순히 우연일까? 그러나 아이도 잘 생각해 보니 그렇게 단순하지만은 않았다는 것을 느낀다. 아이가 생각하기에는 분명히 내가 할 수 있는 문제였는데 어디선가 미끄러진 것이다. 차분히 체크하지 못하고 시험시간에 쫓기다 보니 서두르며 지나쳐버린 것이다. 실수는 바쁠 때, 이런 착오에서 생기게 마련이다. 된다고 쉽게 생각해 버린 것이다. 평소 경우였다면 쉽게 해결할 수 있는 문제인데 시간에 쫓기거나 마음이 급해지면 무의식적으로 상황을 아전인수로 생각하며 지나쳐버린다. 나의 경우도 대부분의 실수가 그랬다. 얼마 전 유리그릇을 깨뜨린 실수도 그랬다.

우리가 두뇌의 한계를 느끼는 때는 아마 이러한 경우들일 것이다.

이럴 때는 두뇌의 '무한성'이라는 말이 실감이 나지 않는다. 나는 늘 기억력이 좋지 않다고 느껴왔다. 내가 자연과학 쪽으로 공부를 해야 겠다고 생각한 이유 중 하나도 내가 기억력의 한계를 느껴서였다.

단기기억 한계와 혼동: 앞에 글들에서 여러 번, 우리 두뇌의 무한성에 대해 강조하였다. 그런데 왜 나는 내 기억의 한계를 느끼곤 하는가? 왜 나는 두뇌의 무한성이라는 말이 실감 나지 않고 늘 기억력이 좋지 않다고 느꼈을까? 그러나 무한한 두뇌의 기억 용량은 이렇게 한계를 느끼는 뇌의 기억 용량과는 다른 것이다. 예를 들어보자. 트럭에 물건을 싣는다고 하자. 이 트럭은 대형 트럭이어서 엄청나게 많은 양을 실을 수 있다. 그러나 한 번에 들어 올려 실을 수 있는 짐의 양은 한계가 있다. 나는 밀가루 포대 하나를 간신히 들어 올릴 수가 있다. 내가 느끼는 두뇌의 한계는 내가 짐을 한 번에 들어 올릴 수 있는 무게의 한계와 유사하다. 이때 트럭에 가득 실을 수 있는 짐 전체의 무게는 우리의 장기기억 용량에 해당하고 내가 간신히라도 들어 올려 트럭에 실을 수 있는 밀가루 한 포대 무게는 우리의 단기기억 용량, 즉 우리가 주의를 집중했을 때, 커버할 수 있는 기억의 한계라고 할 수 있다. 예를 들어, 산을 오르다가 '푸드득'하고 한 마리 새가 날아오른다. '어떤 새인가?' 보려고 새에 주의를 집중한다. 그 순간 나의 시야에 들어오는 것은 새 한 마리일 뿐 산이나 나무나 구름은 시야에 들어오지 않는다. 새 이외의 다른 것은 인식되지 않는다. 이렇게 우리가 주의를 집중할 수 있는 대상은 아주 좁은 범위의 대상뿐이다. 이 좁은 시야가 우리의 단기기억 용량을 말해준다. 단기기억의 한계를 장기기억의 한계로 생각하는 것은 '내가 들어 올릴 수 있는 한계'와 '트럭의 한계'를 혼동하는 것과 같다. 그러므로 아무리 단기기억이 부족하다고 느껴도 우리 두뇌의 기억 용량은 무한하다는 말은 틀리지 않다.

한계를 극복한 위대한 예들: 즉 우리가 실감하는 기억의 한계는 장기기억 한계라기보다는 단기기억(cpu memory, 작업기억, 임시기억)의 한계라고 할 수 있다. 단기기억은 작업기억(working memory)이라고도 하며, 전두엽이 상황을 종합, 판단, 결정하기 위해 수분 정도의 짧은 시간만 임시로 기억하는, 마치 컴퓨터의 cpu(중앙처리장치) 메모리와 같은 기억이다. 반면 장기기억은 컴퓨터의 하드디스크처럼 계속 보관하는 기억이다. 우리는 보통 우리가 실감하는 이러한 한계를 두뇌의 한계라고 오해한다. 그러나 이러한 한계는 단기기억 또는 작업기억의 한계라고 봐야 한다. 두뇌의 무한성을 말할 때, 단기기억을 의미하는 것이 아니라 장기기억의 무한성을 말한다. 이러한 단기기억의 한계에도 불구하고 무한한 잠재력을 펼칠 수 있을 만큼 우리의 기억은 엄청난 기억 용량을 가지고 있음을 과학은 밝히고 있다. 우리 두뇌는, 심각한 장애에도 불구하고 한계를 극복하고 위대한 성취를 이룬 많은 예들을 역사적으로 그리고 동시대적으로 보여주고 있다.

| 나도 별의 순간을, 와이낫 |

'생각대로 이루어진다' 메커니즘 I
_ 정신일도 하사불성 메커니즘

"할 수 있다고 생각하든 할 수 없다고 생각하든 당신의 생각이 맞다.
당신이 생각한 대로 될 것이다."
- H. 포드.

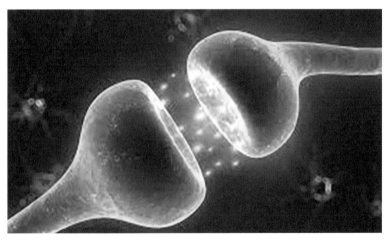

∞ 시냅스와 신경전달물질

'생각대로 이루어진다.'

'정신일도 하사불성.'

'구하라. 그리하면 이루리라.'

이러한 말들은 마음이 집중되지 않고 산만할 때, 나 자신을 가다
듬을 때, 의지하며 떠올리는 경구들이다. 그러면서도, 마음 한편으
로는 '과연 그럴까?' '어떻게 그럴 수 있을까?' 이러한 궁금증이 늘
있었다.

'어떻게 믿음이나 생각이 마술처럼 그대로 이루어지게 만들 수 있
는가?' 나에게는 해결되지 않는 궁금증이었다. 이 문제가 석연치 않
으니 이를 애써 받아들이고 이용하려는 노력도 제대로 이루어지지

| 나도 별의 순간을, 와이낫 |

않았다. 그러나 뇌신경에 관한 최근의 발견들을 접하면서, 특히 뇌신경의 '기억 메커니즘' 정도만을 이해하고서도 느껴지는 일상경험과의 긴밀한 연결에 나는 깊은 감명을 받았다. '이 '정신일도 하사불성'의 메커니즘을 어떻게 이해할 수 있는가'가 가장 먼저 떠오른 질문이었다.

어린 에디슨의 엄마 낸시는 아들의 담임선생님이 보내온 퇴학 통보 편지를 받아든 순간,

"톰은 천재야, 내가 가르쳐야 해!"

이 생각이 머릿속에 박힌다. 그리고는 에디슨이 24세가 되던 해, 그녀가 죽는 순간까지 에디슨의 어려서부터 유명했던 엉뚱한 질문들의 답을 찾기 위해 그와 함께해 온 노력을 그치지 않았다. 에디슨의 천재성은 엄마의 무한한 신뢰와 이 불굴의 교육이 만들어 낸 결과라고 나는 믿는다. 엄마 낸시의 이 노력 없이는 에디슨의 천재성이 발휘될 수 있었을 것이라고 생각지 않는다. 엄마의 신뢰와 교육이 어떻게 그의 천재성을 발휘케 하였을까?

먼저 '정신일도 하사불성'을 가능하게 하는 두뇌 작동의 특성들

을 살펴보자.

1. 뇌신경들 간의 연결 경로는 무한하다. 이는 현대 뇌과학이 증명하고 있다. 연결 경로란 두 신경 간의 연결로(路)를 말한다. 내가 새해의 계획으로 '올해는 책을 한 권 쓰겠다'는 목표를 정하는 순간 '올해 책쓰기'라는 꼬리표를 단 신경 하나가 나의 전두엽에 만들어진다. 현 상태에서 이 신경은 '나의 올 계획' 네트워크에 외줄로 연결된 별다른 연결 고리를 갖고 있지 않는 이정표 말뚝처럼 외롭게 서 있는 신경이다. 그러나 여기에 내가 계획을 세우며 연말까지라는 일정을 세우고 주제를 잡고 소재들을 수집하고 원고를 써가노라면 이 목표 신경에 책 한 권을 구성하는 많은 신경들이 연결되며 서서히 책 네트워크가 만들어져 간다. 즉 '올해 책쓰기'라는 신경 네트워크망이 확산되어 나간다.

스티브 잡스는 "두 신경 간의 연결이 만들어진다(즉, 만들어질 수 있다)는 것을 신뢰하라."고 스탠퍼드대학 졸업축사에서 간곡하게 졸업생들에게 이야기하였다. 앞 문단의 첫 구절 '연결 경로의 무한성'은 뇌신경의 연결 숫자의 관점에서 이야기하고 있으나 잡스는 경험에서 말했을 것이다. 그는 리즈대의 서예 강의를 도강하면서 배운 서예지식이 10년 후 매킨토시 컴퓨터의 성공을 견인한 핵심이었음을 회

| 나도 별의 순간을, 와이낫 |

상한다. 그가 대학교 1학년 시기에 학교는 자퇴하였으나 서예의 아름다움에 매료되어 도강까지 하면서 강의를 들었지만 이 서예 지식을 나중에 어떻게 쓰겠다고 목적을 가지고 들은 것은 아니었다. 강의를 들을 당시에는 아직 태어나지도 않은 매킨토시 컴퓨터와의 연결을 예견할 수는 없었지만 지나놓고 보니 그 (두 신경의) 연결은 거의 필연적이었다고 말한다. 조금 부연해서 설명하면, 젊었을 때 자신이 매료되어 심취하며 배운 것이 훗날 자신이 심혈을 기울여 만든 작품과 비록 그 분야가 다를지라도, 연결이 만들어지는 것은 필연적일 수밖에 없었을 것이다. 그러니 연결에 신경 쓰지 말고 세상을, 내면의 마음(나의 흥미)을, 뇌신경의 무한한 연결을 신뢰하라고 말한 것이라고 생각한다. 뇌과학적으로는 뇌신경 연결의 무한함을 신뢰하라는 말이다.

2. 우리 인식은 외부에서 들어오는 (감각)정보와 기존 기억과의 매칭을 통해 이루어진다(용어설명: 시뮬레이션(매칭)). 이 매칭틀이 결국 우리의 인식틀(또는 사고틀)이다. 예를 들어, 현재 어려운 상황을 긍정적 낙관적으로 볼 것인가 또는 비관적으로 볼 것인가는 개개인 자신이 선택하는 인식틀(용어설명: 인식틀)에 따르게 된다.

이 인식틀이 우리의 개성을 결정한다. 이 인식틀이 긍정(낙관)적인가 부정(비관)적인가는 어렸을 때 형성되며 우리의 운명을 지배하는 사고틀이다. 최근의 과학적 연구 결과는 이 틀의 차이가 결국 우리 운명을 가르는 결정적 요인이라는 것을 분명히 보여주고 있다.[*]

3. 인식틀과 시냅스 가소성[용어설명: 시냅스 가소성]. 이 매칭 사고틀의 작동방식은 인터넷을 통한 웹 서치 과정과 매우 유사하다. 웹 서치에서는 검색 단어를 입력하면 최신의 자료, 또는 자주 채택되는 자료들이 먼저 앞에 뜬다. 우리 뇌도 유사하게 작동한다는 것을 우리 경험으로부터도 알 수 있다. 웹 엔진은 프로그램에 의해 최신 자료들을 우선 띄우지만 우리 두뇌는 시냅스의 가소성에 의해 자연스럽게 최신의 그리고 자주 쓰이는 신경 연결 기억이 잘 떠오르게 되어 있다. 인식틀도 마찬가지이다. 자주 사용하는 인식틀은 쉽게 사용할 수 있으나 오래 사용하지 않던 인식틀은 사용하기가 어려워진다. 그러므로 긍정적 인식틀을 어렸을 때부터 사용한 사람은 이번에도 사용하고 그리고 다음에도 사용하게 되고 결국은 평생 사용하는 인식틀이 된다. 평생 긍정적으로 살 수 있게 된다. 반면에 어렸을 때 부정적 틀을 돌리기 시작하면 그의 개성으로 굳어버리며 평생을 부정적 사고틀에 묶여 살게 된다. 여기서 '긍(부)정적 사고틀'이란 심리학

---

[*]　하버드대 신입생 400명의 50년 추적 언어 습관에 관한 실험 결과: 셀리그만 등

적으로 어려운 난관들 당했을 때, 이 상황을 어떤 자세로 받아들이는가를 말한다.

4, 긍정이 긍정을 부르고, 양의 피드백으로 작동하며 가속이 일어난다. 일단 목표점이 설정되고 나면, 먹잇감을 추적하는 사냥개의 본능처럼 연결 경로 탐색은 거의 본능적으로 이루어진다. 이는 생명체의 기본 생존 수단이다. 긍정적 사고틀을 가질 때, 즉, 연결경로가 있음을 믿을 때, 좌절하지 않고 일어서는 평생의 인내와 노력이 가능해진다. 에디슨이 만 번의 실험 끝에 전구를 발명한 것처럼.

결론적으로 '생각대로 이루어진다' '정신일도 하사불성'의 메커니즘은 크게 특별한 것이 아니다. 긍정적 사고의 두뇌 작동방식이라고 할 수 있다.

'생각대로 이루어진다' 메커니즘 II
_ 카이로스의 이 기회를

생각과 믿음의 신비는 크게 특별한 것이 아니다. 두뇌의 무한한 잠재력과
긍정적 사고의 결합에 의해 자연스럽게 이루어진다.

∞ 이탈리아 토리노 박물관에 있는 카이로스의 조각상. 카이로스는 제우
스신의 아들이며 기회의 신이라 불린다.

창조는 두 과정으로: 창조는 두 과정으로 볼 수 있다. "필요는 창조의 어머니."란 말은 필요가 창조의 목표를 정해준다는 것이다. 그러므로 창조는 필요의 깃발 꽂기가 중요해진다. 나머지는 이 깃발을 향한 탐색과 탐구의 과정이다. 필요의 발견은 inspiration〔영감〕이라고 에디슨은 말하였다. 그리고 발명(또는 창조, 또는 두 점의 연결)은 1%의 영감과 99%의 노력이라고 유명한 말을 남겼다. 에디슨의 엄마 낸시는 학교의 퇴학 통보 편지를 읽으며, "아니야, 톰은 천재야. 내가 가르쳐야 해."라며 순간적으로 목표를 만들고 깃발을 꽂았다. 그리고는 죽는 날까지 이 깃발을 향한 노력을 멈추지 않았다. 바로 에디슨이 한 말대로였다. 1%의 영감과 99%의 노력, 에디슨의 이 말은 바로 엄마 낸시의 노력을 표현한 말이라고 할 수 있다. 앞글의 '생각과 믿음'은

한번 불쑥 한 생각이나 잠깐 동안의 믿음을 의미하는 것은 아니다. 잊지 않고 내 마음속에 간직하고 그것을 이루기 위해 끊임없이 노력하는 생각과 믿음을 말한다. 낸시가 한 것처럼.

사고틀을 바꾸기는 오히려 쉽다: 이로써 '생각대로 이루어진다'의 장〔場〕이 뇌에 갖추어져 있다고 볼 수 있다. 그러나 우리는 '목표? 두 점이 어떻게 연결되겠어?'라고 연결될 것이란 믿음이 약해지기 십상이다. '어떻게 되겠어?'라며 부정적 사고틀〔인식틀〕을 동원한다. 그러면 연결 경로를 찾기 위한 탐색 노력조차 하지 않게 된다. 이렇게 생각하는 사람들에게 '생각대로 이루어진다'는 상식을 넘어서는 말로 들린다. 그러나 오랫동안 부정적 사고에 매여 있던 사람도 예거 실험의 우울증 학생들처럼 자신을 개선하려는 마음을 가지고 노력하면 사고틀이 바뀌게 된다. 《프로의 길》 저자 프레스필드는 자신이 아마추어적 사고방식을 던져버리고 자신이 주인의 길, 프로의 길을 가겠다는 마음을 먹은 날을 기점으로 자신을 '프로 이전의 나와 프로 이후의 나'로 나눌 수 있다고 고백하였다. 예거 실험의 학생들도 향상심을 품게 되는 순간 그 이전과 이후로 선 긋듯이 달라지는 결과를 보이고 있다. 이들은 9개월이 지난 시점의 검사에서는 정상적인 학생들과 같은 수준으로 돌아온 것을 보여주었다. 많은 이들이 자신의 사고틀을 평생 유지하며 살아가지만, 사고틀은 이렇게 〈정말로 마음

| 나도 별의 순간을, 와이낫 |

먹기)[*]를 하는 순간에 바로 바뀔 수 있을 정도로 사고틀을 바꾸기
는 오히려 쉽다는 것을 보여주는 예들이다. 이는 뒤집어 생각하면
우리 두뇌가 최신의, 그리고 자주 사용하는 사고틀을 먼저 사용하
는 시냅스 가소성을 증명하는 예라고도 할 수 있겠다.

우리 교육은 어떤가? 그러므로 '생각대로 이루어진다'는 바로 우
리 뇌의 작동방식이다. 이를 이해하고 적극 활용하는 것이 성공 공
식이 아닐까? 우리 아이들의 학교 교육이나 일반인의 사회 교육이
이러한 성공 공식의 교육이 되었으면 한다. 오지선다 교육은 좀 너
무 심하지 않나 하는 생각이다. 오지선다로 어떻게 뇌신경의 연결회
로를 만들 수 있나?

자신의 무한성에 대한 신뢰 기반: 엄마의 에디슨에 대한 신뢰와 노
력은 에디슨이 엄마에 대한 무한한 신뢰를 품게 만들었을 것이다.
그리고 엄마에 대한 신뢰는 세상에 대한, 즉 우리 자신에 대한 신뢰
가 되었고, 우리 자신의 무한성에 대한 신뢰의 기반이 되었다고 생
각한다. 우리 자신에 대한 신뢰란 뇌과학적 용어로 말한다면 우리
뇌의 무한성을 믿는다는 말이다. 마치도 우리가 산봉우리 정상에

---

[*] 다음 글 〈정말로 마음먹기〉 참조.

오르는 길은 반드시 있게 마련이라고 믿듯이.

이 카이로스의 기회를: 이런 능력과 지혜를 가진 우리 인류는 특별한 존재들이라고 필자는 믿는다. 이 우주의 특별한 존재라고 주장할 자격이 있다고 생각한다. 왜냐하면 문자 그대로 우주의 티끌 같은 존재라고 할 수 있는 인류는 이 세상, 즉 이 우주가 돌아가는 하나의 보편적 법칙이 존재한다는 것을 처음으로 알아냈고 게다가 이 법칙을 밝혀내기까지 한 존재이다. 우리는 이러한 특별한 존재이다. 인간으로 태어난 이 카이로스의 기회를 놓치지 않아야겠다는 생각이다.

| 나도 별의 순간을, 와이낫 |

5

'정말로 마음먹기'와 정주영 회장

_ 해 봤어?

시험공부로 달달 외운 지식은 일상생활에 아무 도움이 되지 못한다.
몸소 실행으로 경험한 지식이 아니기 때문이다.

∞ 항상 품고 있는 생각, 산봉우리에 펄럭이는 깃발처럼, 잊히지 않는 생각이 비로소 나의 생각
이고 믿음인 것이다.

마음먹기의 어려움: '마음먹기'는 말처럼 단순한 현상이 아니다. '마음먹기', 말은 간단하지만 실제 마음먹기가 이루어지는 과정은 단순하지 않다. 평면적이 아니고 다차원적 과정이나 우리는 뇌 덕분에 쉽게 마음을 먹을 수도 있고 또 바꿀 수도 있다. '정말로 마음먹기'가 그저 마음 한번 먹는다고 되는 것은 아니다. 습관을 고치겠다고 하면서도 습관 고치기가 쉽게 되지 않는다. 마음먹기를 하지만 다시 예전 습관에 빠져든다. 금연이 힘든 예에서 볼 수 있듯이. '정말로 마음먹기'가 되지 않고 구두선에 머무는 것이다.

　　진정한 지식은 경험(실행)을 통해서만 습득: 정말로 마음먹기. 이는 어떤 뇌의 현상일까? 정말로 마음을 먹은 생각은 '생각대로 이루어진다'고 한다. 그러나 우리는 반신반의한다. 성경에서, 불경에서 그리고 많은 고전들에서 이를 이야기한다. 우리가 존경하고 믿는 성현들의 이 말은 사실일 텐데, 왜 우리는 얼른 받아들이지 못할까? 아마 경험하지 못했기 때문일 것이다. 우리 뇌는 자신이 경험하지 못한 것은 자기의 지식이 아니라고 인식한다. 경험을 통해 얻은 지식이 아니면 우리 기억에서 잘 살아남지 못한다. [시험공부로 달달 외운 지식은 시험이 끝나고 나면 다 잊어버려 일상생활에 아무 도움이 되지 않는다. 경험적 지식이 아니기 때문이다.] 따라서 두뇌의 활동에서 반영되지 못한다. 즉 두뇌의 가장 중요한 기능이라고 할 수 있는 인식의 바탕이 되지 못한다. 그러면 왜 경험이 중요한가? 경험을 할 때 비로소 우리는 실제의 상황을 만나며 수많은 신경 연결을 만들며 기억을 하게 된다. 실제 상황과의 접촉을 하며 다양하게 여러 계층의 연계가 이루어진다. 자전거 타는 법을 말로만 설명을 듣고서는 탈 수 없다가도 한번 타고 달리기를 스스로 경험하고 나서는 언제라도 자전거를 탈 수 있게 되는 것과 마찬가지이다. 경험이나 몸소 실행의 중요성을 말해준다고 할 수 있다.

진정한 생각, 또는 목표란? '생각대로 이루어진다'란 무슨 말인가? 이때의 '생각'이란 항상 염두에 두고 있는 생각이라고 할 수 있다. 골똘히 이루려는 목표가 시야에서 사라진다면 목표에 이를 수 있을까? 생각이 잠시 떠올랐다가 사라진다면 그 생각이 이루어질 수 있을까? 있다가 사라지는 생각은 이 명제에서 말하는 '생각'이 아니다. 지금 나의 생각이 아니다. 그러므로 항상 품고 있는 생각, 산봉우리에서 늘 펄럭이는 깃발처럼, 잊지 않고 늘 목표를 가리키고 있는 생각이 이 명제에서 나의 생각인 것이다. 그때, 뇌과학은 '생각대로 이루어진다'는 '항상 성립'이라고 아주 높은 개연성을 제시할 것이다. 이의 근거 두 가지를 들 수 있다. (다른 요소들도 있겠으나 이 글에서는 두 가지를 언급한다.) 첫째는 우리 뇌는 무한한 경로를 가지고 있다는 점이다. 즉 뇌 속에 (잡스가 말한) 두 점을 연결하는 경로는 반드시 있게 마련이다. 그러나 이를 찾아낼 수 있을 것인가가 남는 문제이다. 이를 찾아내게 하는 두 번째 근거는 우리 두뇌의 작동 특성이다. 우리가 어떤 사건을 당면해서, 특히 어려운 상황에 처했을 때, 대처하는 방식은 어렸을 때 결정된다고 한다. 긍정적인 사람은 곤경을 일시적인 것으로, 그리고 한정적인 것으로 보는 경향이 있다고 한다. 따라서 그는 낙천적일 수가 있다. 이러한 우리 뇌의 사고방식틀, 또는 인식틀은 최근에 사용하였고 또 자주 사용하는 틀을 먼저 시도하도록 되어 있다. 이는 컴퓨터의 웹 서치 방식이기도 하고 우리의 경험을 통해서도 말할 수 있다. 즉 최근에 일어난 사건이 가장 기억에 잘 남아 있고 손쉽게 회상할 수 있기 때문이다. 오래 만나지 않는 친구의 이름은 가물가물 기억해 내기가 힘들다. 생각틀(인식틀)도 마찬가지여서 방금 전에 그리고 요즈음 자주 사용하던 생생하게 기억되는 틀을 자연스럽게 사용하게 된다. 그러므로 '생각대로 이루어진다.'의 그 생각(목표)을 놓치지 않는 한, 지난번에 대처하던 방식을 지속할 수 있게 된다. 처음 목표를 향한 의지와 의욕, 에너지, 긍정 낙관적 인식 틀을 온전히 유지하며 지속할 수 있게 된다.. 그러므로 흩어져버리지 않는 생각일 때 처음 품었던 생각이나 목표를 계속 긍정적으로 낙관적으로 보게 되고 결국에는 뇌의 무한 경로 안에서 그의 바라던 바 목표를 찾아낼 확률이 아주 높을 것이라고 말할 수 있다. 이런 관점에서 볼 때, '생각대로 이루어진다'는 신뢰할 수 있는, 원리적 진리라고 말할 수 있다.

그러나 물론 yes/no(긍정과 부정)만이 답은 아니라고 생각한다. 한 생각을 계속하는 정도도 문제이나 생각의 골똘함과 강렬함이 모두 미지의 경로를 찾는데 절대적으로 영향을 미친다. 생각이 골똘할수록, 그리고 강렬할수록 '생각대로 이루어진다'의 개연성이 높아질 것이다. 그러므로 이를 yes/no 문제로 취급하는 것은 지나친 단순화일 것이다. 우리 같은 범인의 경우 여러 다른 변수들의 가능성이 떠오르며 성큼 받아들이기 힘들게 한다.

그러나 금년 목표 중 하나를 정말로 마음먹고 실천하여 '생각대로 이루어진다'를 한번 경험하고 나면, 받아들일 것이다. 언제 어디

서나 골똘히 이 목표를 품고 있다면 '생각대로 이루어진다'를 경험할 것이다. 한번 실천해 보자. 이 '정말로 마음먹고' 실행하기의 중요성을 가장 간명하게 표현한 사람은 아마도 "해봤어?"라고 직원들을 가르친 현대 그룹의 정주영 회장일 것이다.

별의 순간을 잡아라
_ 양의 피드백의 폭발성

별을 향한 여행의 선언은 오로지 자신과의 약속이다.
자기 영혼의 부름, 자기 존재의 부름에 응하는 화답이고 선언이다.

∞ 이 별을 향한 선언은 자유정신의 활주로에서 창조의 창공으로 날아오르기라고 할 수 있지 않
을까? (kr.lovepik.com 500584550)

"창조란 과연 어떤 것인가?"

"어떻게 그런 놀라운 작품들을 만들어 내는 것일까?"

이 글은 일반 우리도 기죽지 말자는 의미의 글이다. 단순히 감성적인 이야기로 위로의 말을 하자는 것이 아니라 이 몇 페이지를 읽으면 '기죽지 말자'는 말에 동감을 하실 것이다. 이 글은 창조의 폭발성에 대한 것이다. 독자 중에는 '나와 관계없는 이야기일 것'이라는 분도 있겠으나, 사실은 그렇지 않다는 것을 금방 이해할 수 있을 것이다. 창조라는 말을 우리는 특정한 사람들을 위한 것으로만 생각하는 경향이 있지만 그렇지 않다. 창조는 사실 우리 모두의 일상이다.

폭발성이 있는 물질을 다룰 때는 매우 조심해야 한다. 한순간에 폭발을 일으키기 때문이다. 폭발은 이처럼 반응 과정이 어느 시점을 넘으면 순간적으로 확산되는 특성이 있다. 폭발의 특성은 급격한 가속 과정이다. 폭발은 반응이 연쇄적으로 일어나며 기하급수적으로 확산되는 과정이다.

그런데 우리가 그렇게 이루기가 어렵다고 생각하는 창조가 폭발이라니. 그런데 생각지도 못한 아이디어가 불쑥 떠올랐다. 신기하게 떠올랐다. 무슨 일이 일어난 것인가? 우리 머릿속에서 타겟[목표] 신경의 서서히 상승하던 시냅스전위가 드디어 문턱전위를 넘으며 활동전위[용어설명: 활동전위] 불이 켜진 것이다. 목표[별] 신경이 드디어 연결되어 생명[빛]을 발하기 시작한 것이다. 창조의 한 과정인 탐색 탐구 과정도 자세히 관찰하면 이러한 가속 폭발 과정이다. 알기 쉬운 예가 사냥개가 사냥감을 냄새로 찾아내는 과정을 보자. 그 냄새가 흔적을 찾을 수 없을 때 이리저리 냄새를 찾을 때는 지루하다. 그러나 일단 냄새의 기미를 찾으면 냄새가 강해지는 쪽으로 접근하고 그러면 냄새는 더욱 강해지고 사냥개는 더욱 빨리 접근한다. 가속적으로 빨라지며 쏜살같이 총을 맞은 꿩을 찾아낸다. 이와 같은 과정이 바로 양의 피드백 과정이다. 냄새가 양의 피드백으로 작용하며 접근이 폭발과 같이 가속된 것이다.

내가 좋아하고 나에게 에너지를 불러일으키는 양의 피드백 신호를 목표를 향해 지속적으로 공급할 때 [즉, 일념이 되면] 양의 피드백의 특성인 폭발을 일으키게 된다. 창조의 중요한 요령이라고 할 수 있다. 나의 흥미를 일으키고 동기를 자극하는 신호는 어떤 것이든 양의 피드백이 될 수 있다.

이 글의 목적은 '무한성과 자유'의 잠재력 운동장[場]에서 어떻게 창조의 폭발력을 일으킬 수 있는가이다. 사실 자유와 무한성만으로 창조가 저절로 이루어지는 것이 아니지 않은가? 우리는 '언제 골똘히 아이디어를 떠올리려 하는가?' 이 질문 속에 이미 답이 있다고 할 수 있다. 왜냐하면 양의 피드백 효과[용어설명: 피드백 특성]를 가속하기 위해서는 골똘함이 중요하기 때문이다. 코로나의 확산과 유사하다. 코로나의 [재]확산지수가 '1'보다 커야 한다. 그러려면 접촉이 많이 늘어나야 하는데 바이러스 입장에서 골똘함은 바로 사람들이 자주 접촉하는 것이기 때문이다. 이 골똘함, 자나 깨나 한 생각에 골똘함이 두 신경 사이의 장벽[허들, 문턱값]을 뛰어넘는 요소이다. 두뇌의 무한성은 바로 그때 발휘되는 것이다. 두뇌는 무한한 잠재력을 제공하나 잠재력에 뚜껑을 씌우고 제한을 두는 것은 애석하게도 자신의 생각이나 관념, 습관 등이다. 즉 창조의 폭발력과 뚜껑 씌우기 저항 간의 줄다리기가 창조력 폭발을 위해 우리가 해야 하는 일이라고도 할 수 있다. 여기서는

| 나도 별의 순간을, 와이낫 |

'어떻게 창조의 폭발력을?'에 대해 초점을 맞추도록 한다.

우리 뇌신경의 특성은 아주 간단한 전자회로 모델로 이해할 수 있다고 프롤로그 글에서 이야기하였다. 입력과 출력, 그리고 피드 (feed, 조절, control, 피드백) 신호들로 이루어진 간단한 모델이다. 피드 신호는 전자회로에서 말하는 피드백 신호이다. 두뇌 신경회로는 전자회로보다 다양한 피드 신호를 가지고 있으나 그 역할은 전자회로의 피드백 신호와 유사하다. 피드백에는 두 가지 신호가 있는데 '음의 피드백'과 '양의 피드백' 신호가 있다. 이 피드백 신호의 특성들은(용어설명: 피드백 특성) 다른 글에서* 자세히 설명하고 있다. 창조와 관련된 피드백은 양의 피드백이다. 양의 피드백 신호 특성은 출력을 가속적으로 더 강화해가는 즉 드디어는 폭발 현상을 일으킨다는 것이다. 사냥개가 사냥감을 탐색 추적할 때 냄새가 하는 역할이다. 원자폭탄의 핵분열 연쇄반응의 중성자가 그리고 코로나19 확산에서 바이러스 접촉이 양의 피드백이다. 별에서는 중력이 양의 피드백 역할을 하며 별의 폭발적 탄생 순간을 가져온다. 그러면 어떻게 폭발력이 죽지 않고 살아나게 할 것이며 어떻게 빨리 폭발로 몰고 갈 수 있는가? 개별 양의 피드백 신호는 그 고유의 특성이 있다. 핵의 연쇄반

---

* 〈프롤로그〉 글 참조.

응은 중성자 하나가 흡수되어 중성자 2, 3개를 만드는 반응이다. 이를 연쇄적으로 계속 일으킬 때, 반응이 확산되며 폭발이 일어난다. 코로나19가 폭발적으로 전파되는 조건은 확산지수가 1보다 커지는 것이다. 이를 막기 위해, 확산지수가 1보다 작아지도록 방역 당국이 접촉을 금지하고 모이는 시간을 제한한다.

우리 창의력이 폭발하기 위해서도 마찬가지로 양의 피드백 활동이 가속되어야 한다. 가령 글쓰기를 한다고 하자. 아침 시간은 필자에게 맑은 정신과 함께 의욕을 일으키는 시간이다. 이때의 시간과 내 책상의 조건들은 양의 피드백 신호라고 할 수 있다. 이 아침 시간에 정말로 글을 써서 카페에 올리면 양의 피드백이 제 역할을 한 것이다. 이렇게 한동안 이 과정을 어렵게 지속하고 나면 글이 자신이 보기에도 다듬어지는 것이 보인다. 이제 쇠뿔을 일단 달구어 놓은 셈이다. 이렇게 천일을 계속했다면 지금쯤 글쓰기의 프로가 되어 있으리라. 글쓰기를 멈추면 신호가 식어버리고 폭발 노력이 헛수고가 될 것이다. 양의 피드백이 가속되려면 계속 멈추지 말고 밀고 나가야 한다. 프레스필드는 《프로 되기 [Turning Pro]》 책에서 쓰고 있다.

"TV도, 라디오도, 음악도 없었다. 섹스도, 스포츠도 없었다. 신문도 읽지 않았다. 그리고는 쓰고 또 썼다."라고 하였다.

| 나도 별의 순간을, 와이낫 |

그러나 보통 이때 즈음되면 마음속에 '이만하면 됐어'의 마음, 즉 저항의 마음이 생기기 시작한다. 이런 마음이 누구나 들게 되어 있다. 유혹의 본성이다. 그러나 '유혹이다'라고 알아차리고 의자를 당겨 앉고 열이 식지 않도록 오늘도 글쓰기를 계속하는 것이 중요하다. '이만하면 되었다'는 유혹에 넘어가지 않아야 한다. 내가 여기서 늦추면 가속되던 양의 피드백 반응이 사그라진다. 양의 피드백 폭발성을 살리기 위해서는 지속적 집중이 중요하다. 그때 '일념' '정신일도 하사불성〔精神一到 何事不成〕' '생각대로 이루어진다' 등 생각의 마술이 일어날 수 있는 것이다. 이 말들의 핵심은 지속되는 집중된 일념이다. 이런 일념이 지속되기 위해서는 자신의 별에 대한 확신, 뱃속 깊숙한 곳의 야망을 확인해 가는 기간이 필요하다. 이 시간이 결국 헛된 시간이 아님을 《프로 되기》 책은 보여주고 있다. 누구나 추락의 과정이 있게 마련이다. 추락의 경험을 하고 난 다음에 비로소 바닥을 보고 튀어 오를 수 있는 동력을 갖게 된다. 그러나 추락을 추락으로만 보아서는 안 된다. 솟구쳐 올라 나를 가두는 이 구덩이를 탈출해야 한다. 잠시 달구어진 쇠뿔을 단김에 빼야 한다. 이 소중한 기회가 손바닥 물처럼 새어 나가기 전에.

프레스 필드는 《프로의 길》에서 다음과 같이 말하고 있다.

"What the hell am I doing?"

"내가 지금 뭐하는 거야?"

"Am I nut! What's wrong with me?"

"바보 같으니라고. 뭐가 잘못된 거지?"

이렇게 반문하며 지내던 어느 날 홀연히 꿈을 꾸고 나서 "프로이기"를 선언한다. 무슨 거창한 선언이 아니라 그저 '그래, 나는 프로이어야 해.'라며 살그머니 자신에게 다짐한 생각이다.

그리고 그는 아무에게도 이 꿈에 대해서도 프로 선언에 대해서도 말하지 않았다. 그리고서 그는 그 해 쓰고 또 썼다. 글쓰기는 그의 양의 피드백이었고 그는 피드백의 가속 과정을, "그리고는 쓰고 또 썼다."라고 묘사하였다.

나에게도 별의 탄생 순간이 오기를 바란다. 별을 향한 여행의 선언은 오로지 자신과의 약속이다. 자기 영혼의 부름, 자기 존재의 부름에 응하는 화답이고 선언이다. 이 별을 향한 선언은 두뇌의 무한성과 자유정신의 활주로에서 창조의 창공으로 날아오르기라고 할 수 있지 않을까?

※

감각기관을 통해 들어온 정보는 기억되어 있는 기존의 정보들과 매칭하는 과정을 통해 인식이 이루어진다. 그러므로 세상 인식은 선천적보다는 후천적으로 배워가는 것이다.

제3장

뇌신경의
구조와 인식 작용

1. 시각 인식 작용과 모호성

2. 뇌기능의 국지성과 분산처리

1

시각 인식 작용과 모호성

자고 일어나면 세상은 사소한 변화로도 얼마든지 희망적으로 바뀔 수 있다는 것을
과학은 이야기해 주고 있다. 낙담하고 기죽을 필요가 없다.
다음 순간에 세상은 아침 햇살처럼 다가온다. 밀다가 안 되면 당기고
한 번에 안 되면 여러 번을. 그래도 안 되면 기다릴 수가 있다.
에디슨은 만 번을 실험하여 성공을 이루어 내었다.

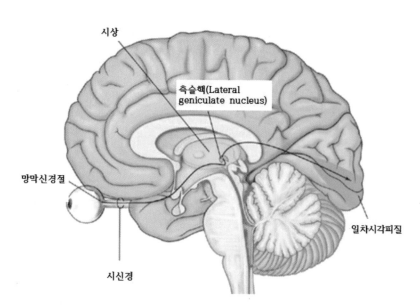

∞ 시신경은 뇌 중심부의 시상(thalamus)으로 연결되며 1차 정보처리를 거쳐 후두엽에 위치한 PVC
(Primary Visual Cortex; 일차 시각피질)로, 그리고 측두엽과 두정엽 피질로 전해지며 인식과정을
거친다. (그림 인용: ≪The Age of Insight≫ E. Kandel)

| 나도 별의 순간을, 와이낫 |

※

　우리가 세상을 인식하는 메커니즘은 감각기관으로 들어온 정보들에 대한 뇌의 해석을 통해 이루어진다. 즉, 오감을 통해 세상을 감지하고 이를 해석하여 추출한 정보를 바탕으로 세상을 그린다. 시각 정보는 뇌가 받아들이는 감각 정보 중에서 가장 많은 부분, 약 반을 차지하며 세상 인식의 가장 중요한 정보원이다. 우리는 어떻게 사물과 풍경을 보는가?

　시신경: 우리 눈에 비친 풍경은, 사진기의 건판에 해당하는 눈의 망막에 투영되어 망막에 밀집한 광수용체에서 검출된 빛의 위치, 세기와 색깔을 뇌가 해석하며 인식된다. 이 정보들은 약 100만 개의 시신경 세포로 구성된 시신경 다발을 통하여 뇌의 시상(thalamus)으

로 전해진다. 이때 시신경은 단순한 전달 역할만이 아니라, 정보를 집산하고 변환하여 일종의 코드화된 활동전위[action potential, 작동전위] [용어설명: 활동전위] 신호들을 발생시킨다. 이 디지털화된 작동전위 신호가 눈에서 받아들인 모든 시각 정보를 전달한다.

시신경 특성: 각 시신경은 망막의 해당 영역, 즉 검출 영역을 갖고 있으며 검출 영역 내에 분포한 광수용체로 들어온 신호를 집합 변환하여 디지털화한 정보로 전달한다. 각 시신경의 검출 영역은 중심부와 주변부로 나누어져 있다. 두 영역은 서로 상반되는 반응 신호를, 즉 양[강화]과 음[억제]의 신호를 내보내도록 되어 있다. 따라서 두 영역에 넓게 퍼져 있는 빛에 대해서는, 서로 상쇄작용을 함으로써 작동전위를 내보내지 않는다. 반면, 중심부나 주변부에만 들어오는 작은 모양의 빛에 대해서는 강한 작동전위를 발생시킨다. 따라서 시신경은 점[點]광원에 대해 강하게 반응하는 반면 검출 영역을 덮는 퍼진 광원에 대해서는 약하게 반응한다. 그러므로 시각 정보는 윤곽과 콘트라스트에 민감하게 인식된다.

매칭과 모호성: 시신경은 뇌 중심부에 위치한 시상[thalamus]으로 연결되며 1차 정보처리를 거쳐 후두엽에 위치한 PVC[Primary Visual Cortex: 일차 시각피질]로, 그리고 측두엽과 두정엽 피질로 전해지며 처리

| 나도 별의 순간을, 와이낫 |

과정을 거친다. PVC에서는 들어온 정보로부터 선, 곡선, 윤곽을 추출하고 이들로부터 모양을 추출한다. 이 상태에서 뇌가 인식하는 정보는 윤곽으로 존재하는 마치 뎃상 이미지와 비슷할 것이다.* 이렇게 윤곽과 모양으로 추출된 상향식 (뇌로 향하는) 데이터는 기억되어 있는 정보들, 경험, 감정 등 기존 정보들과의 매칭을 통해 인식이 이루어진다. 이는 마치 컴퓨터 시뮬레이션을 하는 것처럼 생각할 수 있다. 일반적으로 컴퓨터 시뮬레이션의 결과는 유일하지 않다. 데이터 외적 변수들에 따라 달라진다. 이러한 모호성을 잘 보여주는 예가 '루빈 잔'의 인식이다.

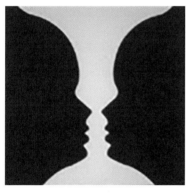

∞ 루빈 잔: 보는 방식에 따라 두 가지의 다른 대상으로 보인다.

그림의 루빈 잔을 볼 때, 뇌의 시뮬레이션이 가운데 흰 부분을 주목하여 출발하는가 또는 양쪽의 검은 부분에서 출발하는가에 따라 인식되는 상이 다르다. 즉 첫 시선이 어디에 꽂혔는가에 따라 그림의 인식이 완전히 달라진다.

---

*   E. Kandel: 〈The age of insight〉 (§The brain's perception of visual images)

또는 시뮬레이션의 출발점이 잘못되면, 예를 들어 거리를 잘못 잡든가 하면, 인식된 상과 대상이 일치하지 않을 수가 있으며 이때 사물 인식은 거듭되는 시뮬레이션으로 인해 지연되게 된다. 우리의 뇌가 특히 빠르게 변하는 시각 정보를 충분히 빨리 처리하지 못하는 상황에서 사물 인식이 금방 이루어지지 않는 경우를 우리는 종종 경험한다.

이러한 상향식의 데이터 정보 추출과 하향식의 기존 정보와의 매칭 체계는 시각 정보만이 아니라 다른 감각기관의 정보처리에서도 마찬가지로 적용된다. 즉 뇌의 세상 인식은 기억 정보와의 매칭을 통해서 이루어지므로 세상 인식은 선천적이라기보다는 후천적으로 배워가는 것이라고 할 수 있다. 갓난아이의 인식이 처음에는 느리다가 급격히 빨라져 가는 것이 사물과 언어 등을 통해 배운 기억이나 개념이 쌓여가기 때문이다.

인식은 개인적, 한정적, 가변적이다. 이렇듯 우리가 인식하는 마지막 결과물은 비록 같은 감각정보라도 얼마든지 다르게 나타날 수 있다. 루빈 잔의 경우는 매칭 때 우연한 시작점 선택이 인식 결과의 차이를 만들고 있다. 게다가 감정이나 기억의 피드백까지 고려하면 입력 데이터는 더욱 다르게 해석될 수 있다. 인식 과정에서 이러한 다양성은 피할 수 없으므로 우리 각자가 그리는 세상 그림은 아주 개인적이고 유동적인 세상이다. 그러므로 내가 지금 보고 느끼는 세상이 한계를 갖고 있을 수밖에 없는 이유이다. 실존 세상이 우리가 보고 느끼는 것처럼 그렇게 답답하고 절망적인 것은 아니라고 위로할 수 있는 충분한 과학적 근거가 있는 것이다. 즉 우리의 인식 기능은 매우 한정되어 있고 또 편향되어 있다는 것은 한편으로 우리에게 위안이 된다. 오늘 저녁 내가 내린 결정이 또는 쓴 글이 내일 아침에는 아주 다르게 느껴질 수도 있다. 자고 일어나면 세상은 얼마든지 희망적으로 바뀔 수 있다는 것을 과학은 이야기해 주고 있다. 낙담하고 기죽을 필요가 없다. 다음 순간에 세상은 아침 햇살처럼 다가온다. 밀다가 안 되면 당기고, 한 번에 안 되면 여러 번을, 그래도 안 되면 기다릴 수가 있다. why not? 에디슨은 만 번을 실험하여 성공을 이루어 내었다.

뇌기능의 국지성과 분산처리

_ 마음의 과학 어디까지 와 있는가?

뇌기능의 국지성과 분산처리는
두뇌 과학의 중심 원리가 되고 있다.

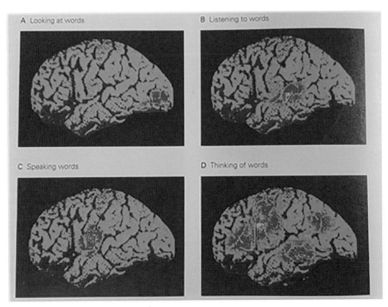

∞ 각 경우 뇌의 활성화된 영역을 보여주고 있다. A: 단어를 볼 때, B: 단어를 귀 기우려 들을 때,
   C: 단어를 말할 때, D: 단어를 생각할 때의 활성화된 영역들. ("Principle of neural science"
   5th ed. E. Kandel 외 4인 편저, 2013)

| 나도 별의 순간을, 와이낫 |

마음의 과학 어디까지 와 있는가? 뇌과학의 궁극적 도전은 의식과 마음의 과학적 기반을 규명하는 것이다. 그런 마음의 과학은 바로 두뇌의 과학이고 두뇌의 과학은 두뇌 신경세포와 이들의 네트워크 과학으로 수렴하고 있다. 두뇌 신경과학의 발전은 뇌가 어떻게 언어를 기술하는가의 연구에서 획기적 전기를 맞았다.

고르기의 염색법 발견과 신경구조: 신경세포의 구조에 대한 본격적 연구는 19세기 후반에 이탈리아의 고르기와 스페인의 카할이 신경세포의 정확한 구조를 밝힘으로써 시작되었다. 고르기는 신경세포들을 은염으로 물감을 들여 현미경으로 완전하게 관찰하는 방법을 발전시켰다. 그는 신경세포가 몸체와 두 가지 다른 과정을 수행하는 구조들, 수상돌기(dendrite)와 액손(axon)으로 구성됨을 현미경에서 분명하게 볼 수 있었다.

뇌기능의 국지성: 고르기의 기술을 이용하여 카할은 "개별 신경 세포는 신경계를 구성하는 기초 벽돌들이고 기초 신호체"라는 신경닥트린의 개념을 발전시키었고 증거들을 제시하였다. 이 관점에서 개별 신경은 뇌의 신호 발생과 전달의 단위들이다. 그들은 기능별 그룹들로 구별되고 특정한 해당 패턴으로 연결된다. 다른 기능은 다른 뇌 영역에 의해 생성됨을 베르니케는 보였다. 이러한 기능의 국지성에 대한 첫 중요한 증거는 언어가 어떻게 뇌에서 생성되는지에 대한 연구에서 나왔다.

브로카 영역과 "우리는 좌뇌로 말한다.": 프랑스의 폴 브로카는 언어와 관련된 구체적 영역을 처음으로 밝혔다. 1861년 그는 한 환자가 중풍을 맞은 후에 언어를 완전하게 이해함에도 불구하고 말을 할 수는 없는 표현장애 실어증 환자를 관찰하였다. 그는 문법적으로 말할 수 없었고, 완전한 문장을 만들 수 없었고, 아이디어를 글로 표현할 수가 없었다. 사후 환자의 부검에서 전두엽 후방 부분에 병소를 발견하였다. 이 영역은 지금 브로카 영역(그림 C: 참조)이라고 불린다. 그와 유사한 증세를 보인 다른 8명의 환자들이 모두 이 영역에 병소를

| 나도 별의 순간을, 와이낫 |

가지고 있었으며 이들 병소들은 모두 좌반구 대뇌에 위치하였다. 그는 이 발견으로 1864년에 "우리는 좌뇌로 말한다."라고 발표하였다.

베르니케 영역과 뇌기능의 국지성: 15년 후 1876년에 독일의 칼 베르니케는 브로카의 표현장애 환자와는 완전히 다른 종류의 수용장애 실어증에 대한 연구를 발표하였다. 브로카의 환자들이 언어를 이해는 하나 말로 표현할 수는 없었음에 반해 베르니케의 환자들은 단어들을 발음할 수는 있었으나 말을 이해할 수는 없었다. 게다가 수용장애 실어증의 경우 병소의 위치는 브로카 영역과 달랐다. 병소는 측두엽이 두정엽과 후두엽이 만나는 후부 측두엽 피질에 위치한다. 이 영역은 베르니케 영역(그림 B: 참조)이라고 불린다.

복합 인식 기능의 분산처리: 베르니케는 이러한 발견을 바탕으로 가장 기초적 지각과 운동 기능들만이 특정 국지 영역 신경들에 의해 중개될 뿐 보다 복잡한 '인식'과 같은 기능들은 여러 기능역들의 신경들에 의해 함께 이루어진다고 주장하였고 이러한 '분산처리' 아이디어는 현재 두뇌 과학의 중심 원리가 되고 있다.

※

아이들에게 자유시간을 주자. 아이들이 자신을 배우는 시간이다. 기를 펴고,
자신의 흥미를 배우고, 원하는 것을 배우는 시간을 주자. 앞으로 백 년의 시간
을 가지고 있는 아이들이다. 너무 조급하게 생각지 말자.

제4장

자유정신과
두뇌의 취약성

무엇이 나를 날지 못하게 하는가?

_ 자유정신

양의 피드백 작용의 폭발적 결과는 타성에 매이지 않는 자유정신과
목표 깃발을 놓치지 않는 집중이 핵심이다.

∞ 스트레스와 습관의 매니지먼트는 자신의 잠재력을 마음껏 발휘하기 위해 가장 중요한 요소
라고 해도 과언이 아니다. 우리 두뇌가 이륙하여 창공으로 솟아오르기 위해 필요한 이륙 주
행이라고 할 수 있다.

1장의 글 〈뇌가 깔아놓은 잠재력의 운동장〉에서 이야기한 두뇌의 두 번째 메시지는 '자유정신'이었다. 어떤 의미의 자유를 말하는가? 지난 글에서 언급한 '자유정신'은 한마디로 박스에 갇히지 않는 정신이라고 할까? 자의건 타의건 갇히지 않는 정신으로 자기 두뇌의 능력, 가능성을 마음껏 추구할 수 있는 자유, 또는 정신을 염두에 두고 한 말이었다.

그러나 우리 두뇌는 자유로운 정신을 유지하기에 매우 취약한 두 가지 구조적 문제점을 갖고 있다. 첫째는 두뇌의 에너지 공급 한계에 관한 문제이고, 둘째는 신경 신호 전달 방식에 따른 문제점이다. 둘째 문제를 먼저 이야기해 보자. 우리 두뇌는 뇌로 들어오는 경계 신호에 몸 전체적으로 대응하는 구조를 가지고 있다. 위험이나 스트레스 같은 경계 신호에 대응하는 뇌의 반응 수단은 원시 생명체의 '위험경보-대응'으로부터 진화한 것이기 때문이다. 위험신호는 국부적 감각 신호로부터 오지만 이에 대한 뇌의 대처는 전신에 흐르는 호르몬에 의해서 이루어진다. 우리 뇌의 신경구조는 아직 90% 이상이 원시 생명체의 신경구조를 그대로 사용하고 있다고 한다. 우리 뇌가 위험에 대처하는 동안 우리 몸은 전투 호르몬이나 스트레스 호르몬의 폭격을 받게 된다.

먹은 것이 체해서 위가 부담을 느끼고 있으면 몸 전체가 스트레스 호르몬의 영향을 받는다. 누군가에게 "이게 뭐야!" 지적을 받아도 또 스트레스를 받는다. 일단 스트레스를 받으면 나의 시야는 좁아지고 두뇌의 작동 공간은 쪼그라들고 시냅스 연결을 통한 배움과 아이디어 창출 가능성은 안개처럼 사라져 버린다. 우리에게 가해지는 이러한 각종 스트레스는 가장 먼저 우리 뇌에 철문을 내린다.

먼저 언급했던 또 다른 취약점, 뇌의 에너지 절약을 보자. 우리 뇌는 엄청난 에너지 고소비 기관이다. 우리 뇌는 1.4kg, 몸 전체 무게의 2.5%도 되지 않으나 몸이 사용하는 에너지의 25%를 사용한다. 다른 기관들에 비해 10배 이상의 에너지를 사용하고 있다. 그러

| 나도 별의 순간을, 와이낫 |

므로 몸은 생존을 위해 확실하게 필요한 경우에만 에너지를 사용하도록 진화되어 왔다. 그래서 우리 두뇌는 일상적인 일들에 대해서는 반응하지 않는다(습관화). 대신에 빠른 속도로 움직이는 물체, 핏빛 붉은색, 큰 소리, 불, 높은 키를 가진 대상 등에 대해서는 민감하게 본능적으로 두뇌는 반응한다. 다분히 위험한 대상들이다(민감화). 대신에 일상적인 사건들은 습관 회로를 돌리며 에너지를 절약하여 처리한다. 우리가 한번 들인 습관을 고치기가 힘든 이유이다.

아마도 이 두 가지, 시도 때도 없이 받는 스트레스와 '나는 생긴 대로 살아'의 옹고집 습관은 인간으로 태어난 이 소중한 기회가 손바닥의 물처럼 새어버리게 한다. 즉 스트레스와 습관의 매니지먼트는 우리가 자신의 능력을 최대로 발휘하기 위한 가장 중요한 요소라고 해도 과언이 아니다. 우리 두뇌가 이륙하여 창공으로 솟아오르기 위해 필요한 이륙 주행이라고 생각한다.

뇌과학 관점의 긍정 낙관의 힘
_ 뇌의 무한성은 나에게 무엇을 의미하나?

뇌는 무한한 연결회로를 갖고 있어 보고 싶은 것을 보게 되어 있다.
비록 상황이 어려워도 유지하는 관점을, 긍정적이든 부정적이든, 따라보게 되어 있다.

∞ 처음에는 무슨 그림인지 잘 인식되지 않는다. 그러나 개라는 정보를 갖게 되면 금방 개 이미지를 찾아낼 수 있다. 마찬가지로 어렸을 때 긍정적 생각을 경험한 아이는 평생 긍정적 사고를 할 수 있게 된다.

| 나도 별의 순간을, 와이낫 |

커피 한 잔의 효과: 방금까지 반쯤 졸리던 기분이 커피 한 잔을 마시며 노트를 붙들고 할 일을 정리하며 열심히 손가락을 움직이노라니 어느 순간 활성이 촉발되었다. 촉발은 어제 적어놓은 계획일 수도, 음악 소리일 수도, 커피일 수도 있었다. 물론 뇌의 상태까지도 역할을 했을 것이다. 맑은 두뇌에 별 관심이 없는 상태에서는 아마 계속 졸게 되었을 것이다. 두뇌는 어떻게 활성을 촉발시켰을까?

로켓 시뮬레이션: 레이더의 센서가 로켓의 현재 정보를 읽는 데 걸리는 레이더 고유시간이 있다. 이 시간 내에는 다음 정보를 받아들일 수가 없다. 그러므로 로켓의 정보는 연속적이 아니고 드문드문 떨어진 위치들의 불연속적 정보들이다. 이 불연속 정보들을 이용해 연속

적인 궤도를 찾는 것이 요격망 시뮬레이션이 하는 일이다. 즉 몇 개의 한정된 정보를 바탕으로 로켓의 연속적인 궤적과 낙하지점을 예상한다. 그러므로 얼마나 정확한 운동식, 궤적의 환경 데이터들을 사용하는가에 따라 낙하 예측지점은 다르게 된다. 반면에 우리 뇌는 감각기관을 통해 들어온 정보들을 최근의 기억 정보, 기존의 경험, 감정, 몸의 컨디션 등과 맞추는 시뮬레이션을 하며 인식을 한다. 커피효과가 다르게 나타나는 것은 비록 같은 한 잔일지라도 아침 컨디션, 감정, 욕망, 해야 할 일 등 다양한 변수들이 있기 때문일 것이다.

원효 스님은 어제저녁 몹시 갈증을 느꼈고 뇌는 물을 마시고 싶었다. 우리 뇌는 감각기관을 통해 들어온 정보를 욕망 또는 기대와 맞추면서 시뮬레이션을 한다. 만일 어딘가 물이 있을 것이라는 긍정적인 기대가 없었다면 원효 스님은 해골바가지 물조차도 아마 찾지 못했을 것이다. 뇌는 거의 무한한 연결회로를 갖고 있어 계속 찾노라면 결국 원하는 결과를 찾아낼 가능성이 매우 높다. 즉 어려운 상황에서도 유지하는 관점을, 긍정적이든 부정적이든, 따라보게 되어 있다. 뇌는 보고 싶은 것을 거의 볼 수 있게 되어 있다.

기존 정보와 인식틀: 위 그림의 예를 보자. 처음에는 금방 무슨 그림인지 잘 인식되지 않는다. 그러나 개라는 정보를 갖게 되면 금방 개 이미지를 찾아낼 수가 있다. 그리고 일단 한 번 개를 인식하고 나면 다음에는 개를 안 볼 수가 없도록 뇌의 인식이 작동한다. 즉 기존 정보 또는 기억이 인식에 영향을 주고 있다. 마찬가지로 어렸을 때 긍정적 생각을 경험한 아이는 평생 긍정적 사고틀을 갖게 된다.

생각의 마술: 긍정적인 사람은 늘 긍정적인 사고에 익숙해 있고 습관이 되어 있어, 새 정보를 인식할 때 긍정적 경험들을 이용해 사건의 궤적을 그린다. 그러므로 그는 항상 긍정적 진행 궤도를 발견한

다. 생각의 마술이고 믿음의 신비이다. 그러므로 긍정적인 생각에 익숙해져 있으면 그의 상황은 긍정적으로 흘러가게 되는 것은 당연하다고 할 수 있다.

그러므로 뇌의 인식틀이 H. 포드가 이야기한 생각의 마술을 만들어 내는 것이다.* 신을 믿으면 신의 가호가 나타나게 되어 있고, 긍정적인 사람은 긍정적인 경로를 발견하게 되어 있고 긍정적인 결과에 이르게 된다. 뇌가 보는 신호를 쫓아가는 것이다.

얼마 전 계약 건: 얼마 전, 사무실을 구하는 사람이 구경하러 온다는 통보를 받았다. 오랫동안 구경만 하고 성사는 되지 않는 어려운 상황에서 전화로 들리는 중개인의 어조에서 약간이나마 적극성이 있다고 느꼈다. 나도 고객에게 좋은 인상을 주기 위해 이것저것 챙기고 있었다. 그러나 선뜻 나서지 않는 고객에게 쓰고 있던 지하실의 작은 창고 공간을 제공할 의향을 말했고 결국은 계약을 하게 되었다. 있던 물건들은 작은 공간을 새로 마련해 옮겼다. 만일 주저하며 비관적으로 '되겠어?'라고 생각하였다면 묻혀버릴 수 있는 상

---

* "당신이 할 수 있다고 생각하든, 할 수 없다고 생각하든 당신 생각이 맞다. 당신이 생각한 대로 될 것이다."라고 포드 창업자 H. 포드는 갈파하였다.

황이었다. 약간의 가능성을 보고 양의 피드백을 적극적으로 찾은 결과라고 생각한다. 긍정적 사고는 양의 피드백을 적극적으로 찾는 자세라고도 볼 수 있을 것이다.

∞ 토끼나 거북이의 세계에서는 토끼를 볼 확률이 높고 닭이나 오리의 세계에서는 오리로 볼 확률이 높다. 즉 뇌가 익숙한 생각틀로 인식 시뮬레이션을 하게 된다. 그러므로 어렸을 때 긍정적 언어를 쓰던 아이는 결국에는 평생을 긍정적 사고를 하게 된다.

위의 그림을 보았을 때, 토끼나 거북이의 세계에서는 토끼를 볼 확률이 높고 닭이나 오리의 세계에서는 오리로 볼 확률이 높을 것이다. 즉 뇌가 익숙한 생각틀로 인식 시뮬레이션을 하게 된다. 그러므로 어렸을 때 긍정적 언어를 쓰던 아이는 결국에는 평생을 긍정적 사고를 하게 된다.

언어 습관 실험: 셀리그만 실험그룹은 약 400명 하버드 신입생들의 50년 추적 관찰을 통하여 긍정적 또는 부정적 언어 습관 효과를 연구하여 결과를 최근 발표하였다. 긍정적 언어 습관을 가지고 있는 그룹은 거의 모두가 70세까지도 만성병, 성인병에서 자유로운 건강을 유지하고 있는 반면 부정적 언어 습관의 그룹은 40세부터 성인병으로 허물어지기 시작하는 결과를 보여주고 있었다. 언어 습관은 바로 뇌의 인식틀을 반영한다고 볼 때, 뇌가 어떤 인식틀을 사용하는가가 극적인 차이를 보여주고 있다고 말할 수 있다.

필자는 이 실험 결과는 긍정적 자세, 즉 적극적으로 양의 피드백을 찾으려는 자세가 우리 자신의 행복의 방향을 가리키고 있다고 말하고 싶다.

뇌과학 관점의 자녀교육 이중성

_ 기 살리기 교육

예의 교육은 아이의 기를 살리는 교육이다. 부정적 호르몬의 폭격을 맞지 않고
긍정적 호르몬의 단비 환경을 만들어 주기 위해 아이의 예의 교육은
절대적으로 필요하다는 것은 뇌과학 관점에서 자명하다.

∞ 학습과 창조는 자발적 동기가 있을 때 잘 이루어진다. 아이들에게 자유시간을 주자. 이이들
이 자신을 배우는 시간이다. 흥미를 느끼고, 원하는 것을 할 수 있도록 시간을 주자. 앞으로
100년의 시간을 가지고 있는 아이들이다.

불과 20~30년 전까지만 해도 많은 과학자들은 뇌신경을 고정불변으로 생각하여 우리 지능이나 개성을 변하지 않는 것으로 보았다. 그러나 기억의 메커니즘이 과학적으로 규명되며 이는 완전히 틀린 생각이었음이 밝혀지게 되었다. 뇌신경은 끊임없이 활발하게 새 연결을 만들고 또 쓰지 않는 연결은 소멸하는 조직이라는 것이 실험적으로 증명되고 있다. 기억 메커니즘의 규명으로 2000년 노벨 생리의학상을 수상한 에릭 칸델은 이러한 신경의 활발한 작용을 상징적으로, "이 연구실을 들어올 때의 당신과 나갈 때의 당신은 다른 사람입니다."라며 그의 노벨상 수상 연설에서 밝힌 바 있다.

　　요즈음 새로 활발하게 발견되고 있는 뇌과학적 정보들은 우리 전

　　　　　　　　　　　　　　　| 나도 별의 순간을, 와이낫 |

통적 사고방식과 교육을 여러 측면에서 다시 돌이켜 보게 한다. 그 중에서도 자라나는 세대의 교육을 뇌과학적 측면에서 살펴보는 것은 필요한 일일 것이다. 우리의 교육 제도에 문제가 있다는 것을, 그것도 심각한 문제가 있다는 것을 우리는 모두 알고 있다. 그래서 국가 백년대계라는 교육 제도를 대통령이 바뀔 때마다 빠짐없이 개혁한다며 바꾼다. 아마 국민들이 개선해 주기를 바라기 때문이라고 말할 것이다. 그러나 교육 제도나 입시 제도가 개선되었다고 느끼는 국민은 별로 많지 않다. 아마 근본적인 문제점이 있기 때문일 것이다.

뇌신경의 뇌과학적 정보는 우리에게 뇌가 무엇을 원하는지를 좀 더 분명하게 이해할 수 있게 해준다. 뇌과학적 입장에서 볼 때, 우리 자녀교육의 이중성, 모순성은 두드러진다. 얼마 전 일간지에 실린 우리 교육의 문제점을 지적한 수필 칼럼을 읽은 기억이 난다. 잔잔하면서도 적나라하게 우리 자녀교육의 실상과 나아갈 방향을 지적하고 있다.

"공공장소에서 안하무인으로 뛰어도 기 살린다며 내버려 두는 부모들을 보는 게 오히려 우리의 일상이다."
"아이들을 제 앞가림할 줄 알고, 남에게 폐 끼치지 않고, 남을 배려할 줄 아는 사회구성원이 되게끔 하는 데 중점을 두어 키웠으면 좋겠다."*

＊　《매일경제신문》 091219 기고칼럼, 전영애 교수.

"기가 막힌다."는 말이 있다. 기가 막히면 죽는다는 이 체질화된 생각, 부모의 생각을 이해할 수 있다. 이 칼럼을 읽으면서 다시 한번 우리는 기의 문화 속에 살고 있으면서도 기를 잘 모르고 있다는 생각을 하게 된다. 나부터도 그렇다. 어떻게 하면 부모들이 원하는 아이들의 기를 살리는 교육을 할 수 있을까?

기가 어떻게 통하는지를 실감한 적이 있다. 2년 전 2주간 명상 수련회에 참가하였다. 특별한 명상은 아니고 단순히 의식을 하나로(호흡, 화두, 만트라 등) 모으며 생각을 줄여나가는 명상이었다. 수련이 시작되고 어느 정도 명상이 자리가 잡히는 때였다. 약 1시간 이상 지속되는 명상 시간을 하루에 3~4회 가지는 집중 명상을 하는 이틀째였던 것 같다. 오후 세션에서 손과 팔, 가슴이 기분 좋게 따뜻해지며 가슴에 누르면 늘 불편하고 몸이 안 좋으면 숨 쉬는 데도 불편한 곳이 있었는데 신기하게 감쪽같이 사라져 버렸다. 이렇게 기의 효과를 느껴본 것은 처음이었다.

마음이 차분해져 호흡과 맥박까지도 느려지고 부드러워진 상태에서 기는 순기가 된다. 즉 막힘없이 통하게 된다. 이는 우리가 큰 힘을 쓸 때의 기와 다른 것이다. 말하자면 몸의 신호가 잘 통하는 것이다. 기를 잘 살리기 위해서는 기의 흐름, 즉 우리 몸의 신호의 흐름을 이해하는 것이 중요하다. 뇌과학적 입장에서 기를 살리기 위해서는 어떻게 해야 할까 한 번 살펴본다.

　우리 몸을 조절하는 신경 조절 신호는 일종의 폭격기와 같아 주변의 신경들이 다 영향을 받는다. "멈춰." 하고 억제 신경전달 물질을 손의 운동신경에 보내면 손만이 아니라 호흡까지도 멈춰지는 식으로 주변의 다른 신경까지 억제 신호를 받게 된다. 뇌에서는 하나의 신경이 수많은 다른 신경들과 연결되어 있다. 하나의 뇌신경은 몸의 여러 부분 신경들과 연결되어 있으므로 호흡은 일종의 자율 신경임에도 손으로 보낸 억제 신호가 호흡까지도 억제하게 된다. 이러한 억제 신호는 위기 비상시에는 개체의 안전을 위해 필수적이나, 불필요할 때에도 이 억제 신호가 자꾸 작동하게 되면 몸이 제대로 돌아가지 못하게 된다. 반면에 신경에 도파민 같은 증강 신호가 들어오면 주의력이 향상되고, 행복감을 느끼며 혈액 순환이 잘 된다. 그러므로 부정적 호르몬의 폭탄을 피하고 대신에 의욕과 자존감을 일으키는 긍정적 호르몬의 환경을 위해서는 주변과의 관계가 긍정적일 필요가 있다.

　특히 가족과 좋은 관계를 유지하는 것이 무엇보다도 중요하다. 칼럼에서 지적하듯이 주변에 폐를 끼치면 자연히 자신에게로 돌아오는 반작용이 부정적이 된다. 그러면 뇌는 이러한 부정적 반응에 대해 방어적이 되고 스트레스 호르몬을 방출한다. 시도 때도 없이 듣게 되는 다른 이의 지적이나 불평, 욕설, 험담 등이 이를 유발하는 것이다.

"이제 그만 해!"
"멈춰!"
"또 늦었어?"

이렇게 되면 자신의 뇌가 스트레스 호르몬에 수시로 노출되지 않을 수 없게 된다. 노출될 때마다 몸 전체가 스트레스 호르몬의 폭격을 받는다. 총 한 방 쏘고 비행기 폭격받듯 되로 주고 말로 받는 효과를 나타낼 수밖에 없다. 타인에게 폐를 끼치는 행동이 습관화되면 자신의 주변 환경 자체가 부정적이 되어버린다. 그렇게 되면 자신의 능력을 제대로 발휘하기 힘들어질 뿐만 아니라 건강조차 유지하기가 힘들게 된다. 그러므로 아이의 능력이 발휘되고 건강하기 위해서는 아이의 주변 관계와 환경이 긍정적이 되도록 하는 것이 가장 효과적인 기 살리기 교육이라는 결론이 나온다.

그러므로 어린 아이를 키우는 부모가 아이들이 다른 사람에게 피해를 주지 않도록 예의 교육을 시키는 것은 장래 아이의 환경을

| 나도 별의 순간을, 와이낫 |

긍정적으로 만들어 주기 위해 절대 필요한 교육이다. 예의 교육은 아이의 기를 죽이는 교육이 아니라 살리는 교육이다. 부정적 호르몬의 폭격에 노출되지 않고 아이에게 긍정적 호르몬의 단비 환경을 만들어 주기 위해 아이의 예의 교육은 절대적으로 필요하다는 것은 우리 두뇌의 신호 전달 과정을 이해할 때 자명하다. 그러므로 아이들이 기죽는다고 예의 교육을 시키지 않는 것은 아이가 건강하게 성장할 수 있는 기회와 환경을 박탈하는 것이다.

아이러니하게도 아이의 기를 살리기 위해 예의 교육까지도 마다하는 부모가 싫다는 아이의 저녁 자유시간을 온통 과외로 묶어놓는다. 완전히 아이의 기를 죽이고 진을 빼버려 아이가 자발적 학습을 터득하는데 필요한 많은 시간과 기회를 박탈해 버린다. 배움은 억지로 되지 않는다. 자발적인 것이다. 뇌과학적으로 볼 때 아이가 스스로 배우고 싶다는, 배워야겠다는 동기가 우러나오지 않고서는 진정한 배움이 이루어지지 않는다. 이는 새로 발견된 기억의 메커니즘이 말해주고 있는, 과학적으로 증명된 것이다. 자발적 학습을 할 수 있도록 아이들에게 충분한 자유시간, 혼자만의 시간을 주자. 아이들이 자신을 배우는 시간이다. 기를 펴고, 자신의 흥미를 배우고, 원하는 것을 배울 수 있는 시간을 주자. 앞으로 100년의 시간을 가지고 있는 아이들이다. 너무 조급하게 생각지 말자.

타성의 법칙, 관성의 법칙

습관을 바꾸기 힘들다지만, '정말로 마음먹기'를 하는 순간
바로 바뀔 정도로 오히려 쉽다.

∞ 타성에 '빠졌구나.' 할 때가 바로 일어설 때이다. 고르디우스
의 밧줄을 단칼에 자르고 일어서라고.

저녁 산책을 다녀와 엑셀에 링크글 올리기를 시작하였다. 전에 썼던 글들을 링크하려니 아래아 한글 파일 원고들을 검색해 찾아내야 한다. 찾는 일이 쉽지 않다. 주의집중이 필요한 일이다. 마음의 저항이 느껴진다. 이럴 때 뇌는 주위를 휘이~ 둘러본다. 무언가를 찾기 위해서. 힘든 주의집중을 피할 구실을 찾기 위해서. "이거 어때?"라는 두뇌의 유혹과 저항을 이겨내기 위해서는 두뇌 에너지가 필요한데 아마 에너지가 딸렸던 모양이다. 핸드폰을 왜 들었는지는 기억이 나지 않는다. 핸드폰을 들었다가, "이거 어때? 단일화가 거의 성사되었다는데."라는 뉴스 카피를 읽다가 뇌의 유혹에 빠지고 말았다.

　서울시장 야권 단일화 뉴스를 읽으며 유튜브를 보기 시작한 것 같다. 그러면서 놓지 못하다가 조금 전까지 마치 최면 걸린 듯 읽기를 계속하였다. 마음 한쪽에서는, "이래서는 안 되는데." "일어나야 하는데."라고 하면서도 손은 계속 다른 사이트로, 다른 사이트로 옮겨가며 버튼을 누르고 있었다. 그러다가 결국 '아니다.' 하며 일어나 거실로 나오니 정신은 길을 잃은 듯한 상태가 되어 있었다. 그러다 보니 저녁 식사 때도 놓쳤다. 점심을 많이 먹어서 배가 고프지도 않다. 실은 이런 배고픔을 잃어버린 상태가 매일 저녁 때마다의 상황이지만 보통 날은 저녁을 좀 가볍게 먹곤 하였다. 그런데 오늘은 그 가벼운 저녁마저 너무 늦어 생략하기로 하였다. 대신 바나나 하나를 까먹으며 머리를 좀 정리하였다. 이럴 때 화장실도 다녀오고 마실 것도 챙기며 몸을 움직이노라면 정신이 좀 가벼워지고 활기가 돌아오곤 하였다. 방금도 회복하는 기미를 좀 느꼈다. 한결 머리가 정리되고 몸도 좀 가벼워짐을 느꼈다. 그리고는 왜 그렇게 헤어나오기 힘들었는지를 돌아보았다.

솟구쳐 올라야 나는 무의식적으로 자연스럽게 핸드폰에서 빠져나오게 되기를 바라는 마음이 아니었나 생각된다. 그러나 손가락은 계속 다른 사이트로 다른 사이트로 옮겨 누르며 일어설 기회를 주지 않았다. 그저 계속될 뿐이었다. 말하자면 타성이었다. 그대로 두어서는 타성에서 벗어나지를 못한다.

| 나도 별의 순간을, 와이낫 |

"어디선가는 뛰쳐 올라야 하는데."

"솟구쳐 올라야 하는데."라고 느끼면서도 뛰쳐 오르기가 쉽지 않았다.

타성은 관성이다. 타성이란 말은 관성이란 말과 매우 유사하다. 타성을 관성과 구분해서 쓸 필요가 없을 정도로 거의 같은 의미이다. 단지 뉘앙스와 사용하는 대상이 좀 다른 정도이다. 일상적 행동이나 습관에 대해서는 타성이란 말을 쓴다. 그러나 이에 대해 관성이란 단어를 써서는 안 되는 것도 아니다. 일상적 관성이라고 해도 훌륭하다. 그러나 약간 뉘앙스가 다르다고 할까? 타성이란 말이 우리의 행동이나 습관에 대해서는 보다 자주 사용된다.

그렇다. 타성은 관성이다. 관성에는 '관성의 법칙'이 있다. 그러면 '타성의 법칙'이 있을 게 아닌가? 관성의 법칙은 무엇인가? 갈릴레오의 관성 법칙은 과학에서 정말로 중요한 역할을 한다. 갈릴레오의 관성 법칙은 다음과 같다. '운동하는 물체는 그대로 두면 같은 운동을 계속한다.' 그러므로 이 관성운동을 바꾸기 위해서는 충격을 가해야 한다.

관성의 법칙 이러한 유명한 관성의 법칙이 있음에도 그동안 나는 유튜브에 잡혔을 때, '보다 보면 자연히 멈추게 되겠지.'라며 기다리는 마음가짐이었다고 생각한다. 혹시 마음속에서 계속하였으면 하는 또 다른 생각이었을 수도 있겠다. 그런데 타성은 관성이 아닌가? 그렇다면 타성을 멈추려면 내가 의도적으로 충격을 가해야 한다는 것을 왜 의식하지 못하고 있었는가? 왜 타임킬링의 행동을 멈추기 위해 의도적으로 의지를 모아 힘을 가해야 한다는 생각을 못 하고 있었던가? '타성의 법칙'을 선언이라도 해야 할 것 같다. 아니 정말로 필요한 선언일 것 같다. 나에서부터 얼마나 많은 젊은이들이 게임 중독에 그리고 다른 중독들에 빠져 자신의 타임킬링을 후회하고 있는가? 후회를 하면서도 빠져나오지 못하고 자신을 나처럼 질책하고 있을 것이다.

타성을 거부하고 일어나라

중독의 늪에 빠졌을 때
타성의 법칙은 말한다.

그대로 두어
자연히 나오지는 못한다고
영원히 나오지 못할 거라고

충격을 가해야 한다고

| 나도 별의 순간을, 와이낫 |

솟구쳐 올라야 한다고

'빠졌구나.' 생각할 때가

바로 일어설 때이다.

무조건 그저 벌떡 일어설 때이다.

일어서면 달라진다고

시야가 달라지고 마음이 달라진다고

고르디우스 밧줄을 그저 단칼에 자르고 일어서자고.

정자세

정자세의 중요성은
몸에만 적용되는 것이 아니겠다.

∞ (VectorStock.com 13709756)

| 나도 별의 순간을, 와이낫 |

어깨가 자꾸 나빠지고 있다. 움직이던 범위를 조금만 벗어나도, "아~~~" 시도 때도 없이 섬광처럼 찌르는 아픔은 나를 지치게 만든다. 헬스장에서 운동하며 사방에서 비춰주는 거울을 보면 내 자세가 한눈에 들어온다. 내 피티*는 "어깨 가동 범위가 너무 좁아요."라고 주의를 주곤 한다. 그래서 팔 회전 범위를 늘리려 회전근 스트레칭을 열심히 한다. 그러나 팔을 들어 올리노라면 오른 어깨가 금방 나도 모르게 올라가 버린 모습이 비친다. 왼쪽 어깨는 그대로인데 오른쪽 어깨는 자동적으로 팔과 함께 올라가 버린다. 통증을 피하려는 내 몸이 불편한 회전근 움직임을 줄이려 어깨를 대신 올려버리는

---

* PT, 개인 코치.

것이다. 내가 너무 오랫동안 찌그러지는 어깨 자세에 무심했다.

"이 어깨를 어떻게 회복하나?"

자세가 흐트러지면 그 모션은 거기까지만이다. 피티는 즉시 운동을 스톱하라고 한다. 나쁜 자세로는 아무런 효과가 없다고 한다. 이미 내 어깨가 이런 자세로 굳어버린 것은 아마 몇 년 전 오른팔을 뻗어 무언가를 잡으려다 '악' 하며 다친 이후일 것이다. 회복이 지지부진 제대로 되지 못하고 나쁜 자세가 굳어버리며 지금의 어려운 상태까지 이른 것이다.

3, 4년 전 처음으로 헬스에 다니기 시작하며 피티 수업을 받게 되었다. 몸무게를 좀 올리기 위해서였다. 다행히도 좋은 피티를 만나하라는 대로 열심히 하다 보니 몸무게가 쪼끔, 간신히 오차 범위를 벗어날 정도로, 늘었다. 얼마나 늘었나 말로 하기 창피한 정도였으나나에게는 큰 소득이었다. 그저 가르쳐 주는 자세들을 바이블처럼 따라 하려 노력했다. 운동마다 적절한 자세가 있다. 그가 시범을 보이는 자세는 누가 봐도 그 운동을 하기에 딱 맞아 떨어지는 자세이다. 그렇게 자연스러워 보이는 자세가 내가 하려면 잘 되지 않는다. 그러나 자꾸 연습하면 내 자세도 어느 정도는 잡힌다. 하루는 피티에게

물었다.

"의자에 앉을 때는 어떤 자세가 좋아요?"
"……."

그러나 헬스 피티에게 묻기는 적당치 않은 질문인 모양이다. 시원하게 말해주지 않는다.

러닝머신에서도 잘 뛰는 사람은 폼부터 다르다. 어떻게 뛰는 게 좋은 자세인지 나는 잘 모르면서도 잘 뛰는 사람은 좋은 폼으로 뛴다는 것을 보기만 해도 느낄 수 있다. 힘들이지 않고 일정한 보폭으로 '착 착 착 착.' 잘도 뛴다. 자세가 중요한 것을 다시금 느낄 수 있다.

헬스에서 피티에게 코치를 받으며 확실하게 배운 자세는 요추[척추 아랫부분] 허리를 바로 세우기이다. 허리를 구부려 무거운 바벨을 들어올리는 운동을 데드리프트[dead lift]라고 부른다. 두 팔을 늘어뜨려 바벨을 잡고 허리를 펴며 똑바로 끌어올리는 운동이다. 엉덩이 근육, 허벅지근, 등 근육 등 몸 중심부 큰 근육들을 사용하는 운동으로 큰 힘을 쓰는 운동 중 하나이다. 데드리프트는 특히 요추 허리가 큰 힘을 감당하는 운동이다. 그러므로 이때의 자세가 요추의 정자세라고 나는 생각한다. 내가 의자에 앉아 글쓰기를 하거나 오래 앉아 있을 때 이 요추 자세를 유지하면 앉아 있는 시간이 훨씬 늘어나고 허리 피곤이 줄어드는 것을 느낀다. 몇십 년을 요통으로 고생하는 동안 이 자세만큼 도움이 되는 자세는 없었던 것 같다. 내가 아주 만족하고 있는 자세이다. 다리 꼬고 앉기는 나의 고질적 악습인데, 요즘에는 꼬고 싶은 생각이 들 때마다 속으로 '정자세'를 주문처럼 외우며 자세를 바로잡는다. 오랫동안 궁금하던 의자에 앉는 정자세를 드디어 찾은 기분이다.

앉을 때 허리 불편, 어깨 문제, 그리고 목의 문제들을 겪으며 정자세의 중요성을 문자 그대로 몸으로 느끼고 있었다. 그러면서 '정자세의 중요성은 몸에만 적용되는 것이 아니겠다!'라는 생각이 들었다. 몸의 정자세는 구체적인 어떤 자세라고 할 수 있는데, 마음의 정자세란 어떤 것일까? 마음의 정자세는 몸의 정자세처럼 '이거다' 하게 분명히 그려지지는 않지만 아마 훨씬 더 중요할 수 있겠다는 생각이 들었다. 마음의 자세가 올바르지 않으면 몸의 고통이 아니라 마음의 고통으로 이어지기 때문에.

먼저 정자세란 무엇일까? 아마 이렇게 말할 수 있을 것이다. '우리 몸에 가장 효율적인 자세'라고,

1. 에너지를 불필요하게 소모하지 않고

2. 최대한 힘을 쓸 수 있고

3. 오래 지속할 수 있는 자세

정도로 정의할 수 있지 않을까.

그렇다면 이 정의는 그대로 마음의 자세에도 적용될 수 있을 것이다. 몸과 유사하게, 마음의 정자세를 불필요한 에너지 소모를 않는 생각이나 사고라고 정의하자. 이를 따르면, 아무런 소득도 없이 정신 에너지를 크게 소모하는 갈등[대립]이나 산만[방황]함을 줄이는 것이 무엇보다 중요해진다. 갈등[대립]은 정신적 스트레스로 많은 에너지를 소모하게 한다. 단순한 에너지 차원만이 아니라 몸과 마음에 아주 부정적 영향을 미친다. 그리고 산만은 주의집중[attention]이 되지 않는 상태이다.

따라서 갈등과 산만은 우리가 정신 에너지를 낭비하게 되는 가장 근본적인 두 가지 원인이라고 할 수 있다. 그러므로 갈등과 산만함을 줄이려는 노력이 마음의 정자세를 찾는 첫걸음이라 할 수 있겠다. 그래서 예로부터, '가화만사성[家和萬事成]'과 같은 가훈을 집집마다 걸어놓고 또 '정신일도 하사불성[精神一到 何事不成]'이라는 경구가

많은 이의 좌우명이 되고 있는 게 아닐까? 화목을 가정의 제일의[第
一義]로 삼고 주의집중은 개인 정신의 제일의로 말하는 이유가 이해
될 것 같다.

아직 크게 진전은 없으나 내 어깨도 정자세를 찾아주어야겠다.
그러나 어깨의 정자세뿐만 아니라 결국 어깨에 정성을 들여 주의를
집중하는 마음의 정자세도 함께여야 할 것 같다.

| 나도 별의 순간을, 와이낫 |

주삿바늘 공포, 공포의 패턴

_ 제논의 궤변

'이 또한 지나가리라.'는 시간을 흐르게 해주고
우리를 시간의 함정에서 꺼내어 주는 지혜이다.

∞ 간호사가 어깨를 '딱' 때리는 순간 주사 바늘은 들어가 버렸고 오히려 마음이 편해졌다. "휴
~~" 머물렀던 시간이 흐르며 공포감도 순식간에 흘러가 버렸다.

요즈음 언론에 자기 어깨에 꽂힌 주삿바늘을 쳐다보며 코로나 백신을 맞는 이들의 화면이 자주 실린다. 겁먹은 얼굴로 팔에 꽂힌 주삿바늘을 쳐다보고 있는 이들을 보며 나에게도 짜릿한 전율이 느껴진다.

'공포란 일종의 확대 재생산된 이미지'라고 말할 수 있을 것 같다. 주삿바늘 공포증을 가진 사람의 머릿속에는 주삿바늘이 어깨 삼각근에 '꾸욱' 박혀 들어가는 그 장면이 정지한 채로 남아 있다. 그러나 주사기를 들고 온 간호사가 어깨를 '딱' 때리는 순간 벌써 주삿바늘은 들어가 버렸고 기다릴 때보다 오히려 마음이 편해진다. "휴~~" 하고 아픔도 공포심도 사라져 버린다. 정지하고 있던 시간이

'딱'하며 돌아가는 순간, 공포감도 순식간에 사라져 버린다. 우리의 다른 공포감들은 어떨까? 마찬가지로 일순에 사라져 버리게 할 수 있을까? 그러므로 공포는 현실이라기보다는 상상이다. 시간이 정지되어 있는 공포의 이미지일 뿐이다. 이 시간 정지 이미지는 주사공포증뿐만이 아니라 우리 인생 곳곳에서 우리를 사로잡아 꽁꽁 묶으려 한다. 주사공포증은 그나마 시선을 다른 데로 옮길 수 있는 주제이나 그렇지 못한 실직이나 낙방의 공포는 급기야 우리를 불안과 우울증으로 몰고 간다. 자유로운 정신을 빼앗아 버리고 창조의 공간과 여유를 사라지게 한다.

거북이를 영원히 따라잡을 수 없다는 토끼 궤변도[용어설명: 제논 궤변] 시간 정지류의 예이다. 실직이나 낙방의 공포감도 시간이 정지된 이미지로 인하여 증폭되는 감정들이다. 이러한 불안감과 공포감은 우리에게 너무도 익숙한 감정들이다. 예로부터 어떻게 이들 감정에서 벗어나는가는 아직까지도, 그리고 아마 앞으로도 영원한 인류의 숙제일 것이다. 솔로몬은 가르친다.

"(너무 슬퍼하지 말라.) 이 또한 지나갈 것이다."
"시간이 해결해 줄 것이다."라고.

또 비틀즈도 노래하였다. 〈Let it be〉는 50년 전 유행하던 비틀즈의 노래 제목이기도 하지만 명상의 요체이기도 하다.

"Be aware."
"움켜잡지 말라. 시간이 흐르게 하라."

며칠 전 명상 중 관의 세밀함에 대해 글을 올렸었다. 그러나 현미경과 같은 세밀함이 아니다. 현미경이 정지한 대상에 대한 세밀함이라면, 관은 변화에 대한 세밀함이다. 아니 시간에 대한 세밀함이다. 호흡으로 아랫배의 오르락내리락하는 움직임을 세밀하게 쫓다 보면 어느 순간 호흡이 순해지며 의식이 차분해진다. 즉 시간의 흐름과 동기화되는 세밀함이라고 할 수 있을 것 같다.

그러나 선가의 경책에는 명상의, 어찌 보면 느긋한 자세와 좀 다른 뉘앙스의 가르침도 있다. 선가에서는 화두를 들고 참선을 할 때, "고양이 쥐 잡듯 하라." "어미닭이 알 품듯 하라."라고 가르친다. 정신이 번쩍 들게 하는 경책이다.

기억이란 시간 정지 이미지이다. 기억의 한 장면은 카메라 사진 찍기이다. 카메라 사진은 심플하다. 장면이 고정되어 있다. 주삿바늘

| 나도 별의 순간을, 와이낫 |

공포가 고정되어 있다. 시간이 흘러야 드라마가 있고, 삶이 있고, 생명이 살아 있다. 아마 우리의 주삿바늘 공포는 이 정지해 있는 시간 함정에 빠지기 때문일 것이다. 이때 '이 또한 지나가리라'는 시간을 흐르게 해주고 우리를 함정에서 꺼내어 주는 지혜이다. 그러나 선가의 가르침은 시간에 대한 또 다른 함정에 대한 경책이 아닐까 생각된다. 시간은 정말로 영원한 수수께끼이다.

❋

긍정적 보상감을 주는 양의 피드백은 비록 사소하게 보여도 지속될 때 폭발적 창의력을 일으키게 한다.

❋

양의 피드백 신호가 증폭되려면 가속 조건을 넘어야 한다. 가속 폭발의 핵심 요령은 지속과 집중된 일념이다.

나를 춤추게 하는
양의 피드백 신호

_ 뇌는 최근에 사용한 생생한 기억을 먼저 떠올린다

양의 피드백 회로는 삶의 버팀목이기도 하고
무한한 가능성으로 이끌어 가는 삶의 사다리이기도 하다.

∞ 양의 피드백 신호는 아무리 사소해 보여도 소중한 자산이다. 비록 미약해 보여도 가속특성을 살릴 때 고래를 춤추게 할 수도 있다. 양의 피드백 신호는 우리가 무한한 잠재력을 펼치게 한다. [사진 인용: 연합뉴스 2010.05.30. leeyoo @ yna.co.kr]

| 나도 별의 순간을, 와이낫 |

현대인의 가장 큰 정신적 갈등은 '삶의 의미 상실' 빅터 프랭클의 베스트셀러 《죽음의 수용소에서(Man's search for meaning)》를 읽었다. 프랭클은 2차 대전 종전 6년 전 오스트리아에서 게슈타포에 체포되어 아우슈비츠에 감금되었다. 그는 가족이 모두 체포되어 서로의 안부는 물론 생사조차 알 길이 없이 자유가 완전히 박탈되어 생사의 고비를 수없이 지나며, 죽음이 가까웠음을 느끼던 시점에 독일의 항복과 함께 다시 자유를 찾게 되었다. 종전이 되던 1945년, 그는 이 책을 9일 만에 써 내려갔다. 그는 절망하고 있는 이들에게 그가 겪은 경험이 도움이 될 수 있다고 생각하여 이 책을 쓰게 되었다고 말한다.

저자는 삶의 의미를 상실하고 희망의 끈을 놓치는 순간 수형자

들은 곧 죽음을 맞는다고 말한다. 그는 또 "삶의 의미를 물을 것이
아니라, 오히려 시시각각 삶이 묻는 생의 의미에 우리 자신이 답해
야 한다."고 말한다. 그가 던지는 질문은 어려운 철학적 문제처럼 보
이지만 지금 우리의 가장 심각한 현실적 문제가 되고 있다. 아우슈
비츠의 수형자들뿐만 아니라 현대인의 가장 큰 정신적 갈등도 '삶의
의미 상실'이라고 한다. 21세기의 과학, 뇌과학은 우리에게 삶의 의미
에 관해 무엇을 말해주는가?

뇌신경의 등가모델과 피드백 신호: 뇌의 중요한 역할은 기억이다.
기억은 관련 신경들의 연결회로이다. 뇌에는 엄청나게 많은 신경 회
로들이 복잡하게 연결되며 분포되어 있으나 이 신경회로를 전자회로
의 개념을 도입하여 쉽게 이해할 수 있다.

뇌에 들어오는 [감각] 입력 신호에 반응하며 운동 근육으로 출력
신호를 보내는 신호 전달 과정을 간단하게 전자회로의 등가회로 개
념을 도입하여 입력, 출력, 조절[개재, 제어, 피드백] 신호로 이루어진다고
생각하자. 조절 신호는 일종의 피드백 신호이다. 전자회로의 피드백
보다 훨씬 복잡 다양하지만 기본 기능은 같다고 할 수 있다. 즉 감각
신경과 운동신경 간의 전달 신호를 약화하거나 강화하는 신호이다.
입력 정보에 대해 어떻게 반응할 것인가를 결정하는 복잡한 두뇌

| 나도 별의 순간을, 와이낫 |

과정을 피드백 즉 조절 신호로 두어 이해하는 모델이다.

이 피드백을 사용함으로써 우리 몸이 체온과 같은 자율신경계의 항상성을 유지할 수 있고 또 생명을 유지할 수 있다. 이 경우 조절신경은 방 안 온도조절기의 피드백 신호와 같은 역할을 한다고 할 수 있다. 즉 방 안 온도가 설정 온도보다 높으면 온도를 낮추라는 ⑴신호를, 방 안 온도가 설정 온도보다 낮으면 온도를 높이라는 ⑴신호를 사용해야 한다. 다시 말해 방 안 온도를 보정하는 피드백 신호이다. 이때의 피드백 신호는 조정의 또는 반대의 의미를 갖는 '음의 피드백'이다. 만일 반대로 양의 피드백을 방안 온도조절기에 사용하면 어떻게 될까?

양의 피드백 신호: 온도조절기에서 양의 피드백을 사용하면 설정 온도보다 높으면 더 열을 가하므로 방 안 온도는 가속적으로 더 높은 온도로 올라간다. 계속하면 아마 폭발해 버릴 것이다. 그러나 양의 피드백이 방 안 온도를 가속적으로 올리듯이 탐색이나, 배움이나, 창조 등에서 양의 피드백을 사용하면 이들 활동을 가속시킨다. 양의 피드백은 시너지를 창출하여 가속하며 발전하는 상승 동력이 된다. 그러므로 배움 창조 협업 등에서 이 양의 피드백 신호는 성공과 실패를 결정한다고 할 만큼 중요하다. 양의 피드백은 생존 경쟁에

서 살아남는 수단이며 인간 사회를 현재의 문명사회로 발전시키는 데 결정적 역할을 하고 있다. 사냥개가, 먹잇감을 찾아가는 탐색 과정은 바로 이 양의 피드백을 최대한 사용하며 이루어진다. 사냥개는 먹잇감 냄새를 맡으면 냄새가 더 강해지는 방향으로 나아간다. 그러면 냄새 피드백은 더 강해지고 먹잇감이 있는 곳으로 점점 더 가까워져 간다.《칭찬은 고래를 춤추게 한다》는 최근 많은 인기를 얻은 베스트셀러이다. 고래를 춤추게 한 칭찬(보상)이 바로 고래에게 양의 피드백 신호이다.

인간의 희망이나 삶의 의미와 같은 고차원의 탐색 활동도 결국에는 양의 피드백 신경 회로를 이용한다. 이 탐색회로 즉 양의 피드백 회로가 활성화되어야 삶이 생기 있고, 발전하고 만족할 수 있다. 그러므로 '삶의 의미' 상실은 양의 피드백 회로가 제대로 작동하지 못하고 있다는 의미이다. 빅터 프랭클은 수형자가 더 이상 삶의 희망을 잃고 간직하고 있던 마지막 담배 한 가치를 꺼내 피울 때, 동료들은 그가 48시간 내에 죽음을 맞이하는 것을 본다고 이야기한다. 양의 피드백 회로는 삶의 버팀목이기도 하고 또 한편 삶을 무한한 가능성으로 이끌어가는 사다리이기도 하다.

생의 의미, 희망 등에 대해 과학은 무슨 메시지를? 과학은 생의 의미, 희망 등에 대해 무엇을 이야기하는가? 뇌과학은 뇌신경의 양의 피드백 회로를 가리킨다. 양의 피드백은 사냥개가 먹잇감을 찾아가듯 개체의 목표를 쟁취하기 위해 사용된다. 양의 피드백 신호는 보상과 자존감을 느낄 때 분비되는 도파민 신호와 밀접한 관계가 있다. 따라서 보상과 자존감을 주는 신호, 즉 양의 피드백 신호를 적극적으로 살려 나가면 결국 긍정적 사고를 가지게 되며 동기 부여가 잘 이루어진다. 삶의 궁극적 의미까지도 탐구하게 된다. 그러므로 양의 피드백 신호와 긍정적 사고는 밀접한 관계를 갖는다. 긍정적과 부정적 언어 습관 차이에 대한 셀리그만의 50년 추적 실험은 놀라운 결과를 보여준다. 실험 결과는 긍정적 사고 습관을 가진 하버드생들은 70세가 되기까지 아무 성인병 없이 건강하였는데 반해 부정적 사고를 가진 경우에는 장노년기의 건강을 결정적으로 무너뜨린다는 것을 분명하게 보여주고 있다. 이러한 습관의 차이는 결국 뇌신경 구조적 변화로 진행될 것이다. 즉 긍정 낙관적 습관을 가진 사람은 양의 피드백 회로 연결이 풍부한 사람이라고 말할 수 있다.

뇌가 보내는 메시지, '시작이 반' 그리고 'Never too late': 신경 회로는 '시냅스 가소성'에 의해 자주 쓰는 회로는 강화되고 쓰지 않으면 약화된다. 양의 피드백 회로도 쓰지 않으면 약화되며 점점 악화된다. 그러므로 희망을 잃고 삶의 의미를 상실할 즈음에는, 이미 뇌신경의 구조적 문제로 되었을 가능성이 높다. 그러면 더 이상 교정의 가능성이 없는 절망인가? 그렇지 않다.

우리 뇌는 객관적이거나 논리적이기보다는 '나'라는 개체의 생명 유지를 위해 돌아가도록 되어 있다. 그리고 뇌는 에너지 고소비 기관이다. 따라서 가능한 한 에너지 소모를 줄이도록 작동한다. 아무리 오래된 습관이나 기억이 있어도 뇌는 에너지를 절약하기 위해 최근에 사용한 생생한 기억을 먼저 떠올린다. 이는 구글이나 네이버의 검색창에 최근의 기사가 먼저 뜨는 것과 유사하다. 한번 심기일전하여 새로운 행동을 시작하면 이 새로운 행동이 두뇌에 가장 큰 영향을 미치게 된다. 우리가 ppt를 만들 때 십중팔구 최근에 사용한 템플레이트를 사용하게 되는 것과 같다. 우리 뇌가 그렇게 하도록 작동하고 있다. 그러므로 뇌의 인식 방식도 최근의 인식패턴에 가장 많은 영향을 받게 되어 있다. 지난번에 긍정패턴이었으면 이번에도 십중팔구 긍정패턴이 이어진다. 그러므로 아무리 굳어 있는 습관이라도 새로운 습관을 한 번이라도 실행을 하면 두 번째 세 번째는 점점 더 쉬워진다. '시작이 반'이라는 말의 뇌과학적 근거이다.

그러므로 시작하자. "Never too late."이다. 새로운 첫발을 내딛는 순간 인생이 달라진다. 예부터, '마음 한번 먹기' 나름이라고 하지 않았던가? 이 글에서는 이 말을 단지 신경 모델로 그렇게 되는 과정을 보인 것일 뿐이다. 단순한 격려 차원이 아닌 과학적 경험적 근거를 갖는 지혜라고 할 수 있다. 노력을 좀 들이면 습관은 바뀌게 되어 있다. 행동의 시작은 꿈적 않던 바위가 움직인 것이다. Good! Keep going. 양의 피드백 신호는 아무리 작은 보상감이나 자존감/자긍심이라도 소중한 자산이다. 비록 미약해 보일지라도 가속특성을 살릴 때 별이 응집하고 고래를 춤추게 할 수 있는 것이다. 양의 피드백 신호는 고래를 춤추게 할 뿐만 아니라 우리의 무한한 잠재력을 펼치게 한다. 나의 양의 피드백 신호를 찾고 살려나가기가 바로 나에게 최선을 다하는 구체적 방법이 아닐까?

릴랙스의 창조 효과

> 집중하던 과제로부터 몇 분간 잠시 주의를 돌리는 것만으로도 창조적 산출량을
> 현저하게 향상시킬 수 있다. (Sophie Ellwood, 시드니대학교 정신센터, 2017)

∞ 밀물의 수위를 낮출 때 많은 섬들의 연결로가 드러난다. 릴랙스할 때, 새로운 아이디어가 떠
오르는 이유는 집중할 때 잔뜩 높아진 밀물의 수위를 낮추는 효과 때문이 아닐까?

| 나도 별의 순간을, 와이낫 |

언젠가 아이디어 장소로 화장실, 잠자리, 산책을 꼽았던 글이 생각난다. 이 세 가지는 내가 경험으로 확인하고 많은 글에서 사람들이 말하는 아이디어 장소이기도 하다. 나 자신도 이러한 경험을 직접 하면서도 정작 머리가 돌아가지 않을 때 이러한 요령을 실제 이용해 본 경험이 별로 많지 않다. 경험하면서도 반신반의하는 마음이 있었기 때문이 아닐까 생각한다.

그러나 이러한 경험을 실험을 통해 확인한 결과가 얼마 전에 발표된 것을 최근에야 알게 되었다. 더 이상 의심하지 않고 아이디어 장소를 적극적으로 이용할 수 있는 과학적 수치적 증거가 발표되었다.

시드니대학교 정신 센터의 Ellwood 박사 등 심리학 연구원들은 90명의 심리학과 학생들을 3개 집단으로 나누어 실험을 진행하였다.*

각 집단의 실험 참가자들은 '종이 한 장'의 용도를 가능한 한 많이 생각해 내어야 하는 숙성 실험을 시행하였다. 참가자들이 떠올린 용도의 개수는 창조성의 척도로 간주되었다. 첫 번째 집단은 숙성 과정 없이 4분 동안 과제를 수행하였다. 두 번째 집단은 2분 동안 원래 과제를 수행하다가 갑자기 작성한 용도와 비슷한 말을 생각해 내라는 제2의 과제를 [수 분간] 부여받았고 다시 2분 동안 원래의 과제를 계속하라는 지시를 받았다. 마지막 집단은 2분 동안 원래의 과제를 수행하다가 갑자기 원래 과제와 전혀 무관한 과제를 [수 분간] 부여받았고 다시 2분 동안 원래의 과제를 수행하여야 했다.

결과적으로 모든 집단은 4분 동안 종이 한 장의 용도를 되도록 많이 생각해 내어야 했다. 연구팀은 4분 연속으로 과제를 수행한 첫 번째 집단, 중간에 원래의 과제와 관련 있는 다른 과제를 수행하며

---

* Sophie Ellwood, 시드니대학교 정신센터, 인큐베이터 효과: 아이디어도 숙성이 필요하다. (Teamsharing.net, 2017.05.29.). (Sophie Ellwood et. al.; "The Incubation Effect: Hatching a Solution?" Creativity Research Journal 21. (2006) 6-14).

| 나도 별의 순간을, 와이낫 |

숙성의 단계를 거친 두 번째 집단, 중간에 원래의 과제와 무관한 과제로 숙성의 단계를 밟은 세 번째 집단의 창조성을 각각 비교했다. 결과는 각 집단의 평균 용도 개수는 6.8 : 7.9 : 9.8 개였다. 연구팀은 겨우 몇 분 동안의 짧은 숙성 기간도 개인의 창조적 산출량을 현저하게 향상시킬 수 있다는 결론을 내렸다.

중간에 주의를 한 번 돌리는 것이 16%와 44%의 향상을 가져왔다. 사실 이때 44%는 엄청난 양의 증가이다. 종이 한 장을 놓고 그 용도를 처음 2분간에는 거의 모두가 쉽게 떠오르는 용도들을 답으로 써 놓았을 것이다. 그러므로 아이디어가 떠오르지 않는 것은 그 다음일 것이다. 그러므로 나머지 3개[44%]는 단지 44%의 개선이 아니라 찾아내기 힘든 새로운 아이디어들을 찾아낸 것이므로 이는 실질적으로 44%보다 훨씬 많은 아이디어를 낸 셈이다. 그러므로 이 결과는 숙성이 놀라운 창조력 향상 효과를 만들어 내고 있음을 보인다.. 그동안 우리가 경험적으로 말한 화장실, 잠자리, 산책 등이 아주 뚜렷한 과학적 근거를 가지고 있는 것이다.

그러면 어떻게 우리 뇌가 이런 식으로 작동할 수 있을까 어떤 모델을 우리가 생각할 수 있을까.

우리가 열심히 한 아이디어를 얻기 위해 붙들고 있다는 것은 주의집중을 유지하는 것을 말한다. 주의집중은 뇌가 전두엽의 임시 작동기억 공간에 대상 자료들을 올린 상태이고 의식은 이 공간에 올라온 자료 속에서 연결로를 찾을 수밖에 없다. 그러므로 주의집중은 뇌가 적은 대상에 많은 에너지를 사용하고 있는 과정이다. 그러므로 이는 마치 밀물이 잔뜩 높아져[주의집중 상태를 밀물 상태에 비유할 때] 단지 몇 개의 섬들만 보이며 의식 안으로 들어오고 나머지 잠겨진 섬들은 의식의 영역 밖으로 밀려나 있는 상태와 같다고 할 수 있다. 새로운 아이디어를 얻기 위해서는 물에 가려져 있는 수면 밑 섬들 간의 연결로를 찾아야 하는 입장이다. 밀물이 잔뜩 들어와 있다는 것은 연결로가 보이지 않는 상황이다. 그러므로 밀물 수위를 낮추어 물 밑바닥이 많이 드러나게 해야 섬 들의 연결로가 보이게 될 것이다. 주의 돌리기, 숙성, 릴랙스 등은 주의집중을 이완시킴으로써 밀물 수위를 낮추는 효과라고 할 수 있다.

이러한 과학적 발견은 주의집중의 밀물 모델을 말해준다고 할 수 있지 않을까? 또는 아이디어 창출을 밀물 모델이 설명해 준다고 말할 수 있다. 내 경험을 보더라도 이러한 아이디어 창출의 특성을 살리지 못하고 일도(一到)라고 계속 매달리며 중간 숙성 과정의 중요성을 그동안 제대로 인식하지 못했던 게 아닌가 생각한다.

| 나도 별의 순간을, 와이낫 |

[그러나 필자는 이 결과를 해석하는 용어에 문제가 있다고 생각한다. '숙성'이라는 단어는 시간에 따른 변화의 의미를 담고 있는 용어이다. 그러나 실험 결과는 거의 순간적 변화를 보여주고 있다. 그런 의미에서 밀물 모델의 수위 같은 또는 문턱 높이 같은 역할이 존재하고 있음을 보여주고 있다고 생각한다. 실험 결과는 이 수위 또는 문턱을 낮출수록 창조가 활발하게 일어난다는 것을 보여준다. 숙성효과가 아니라 문턱 낮추기(또는 릴랙스) 효과라고 보는 것이 정확한 해석이라고 생각한다.]

이 실험에서 한 그룹에게 화장실 다녀와서 계속하라 했으면 아마 더 좋은 결과가 나오지 않았을까?

3

첫 칭찬 기억

양의 피드백 신호는 고래를 춤추게 할 뿐만 아니라
우리의 무한한 잠재력을 펼치게 한다.

∞ 요즈음에는 너무 밝아 전구를 바라볼 수가 없
다. 그러나 등불을 밝혀 책을 읽던 시절에는 물
끄러미 등불을 쳐다보며 이런저런 생각을 하
던 시절이 있었다. 또 하나의 릴랙스 순간이
아니었나 생각된다.

초등학교 5학년 때였다. 1·4 후퇴 피난에서 휴전 후 서울로 돌아온 지 얼마 안 된 상황이었고 방 하나에서 다섯 식구가 기거하던 때였다. 그 어려웠던 때 어머니는 나에게 과외공부를 시키셨다. 아무리 어려워도 어머니는 나의 교육에 필요하면 아낌없이 해주셨다고 나는 느꼈다. 같이 과외 수업을 받던 친구들에 비하면 우리 집은 상대가 안 되게 가난하였다. 당시에는 중학교 입시 경쟁이 치열하였다. 담임 선생님께 여러 명이 함께 과외 수업을 받았는데, 과외 시간에 선생님께 칭찬을 들었던 모양이다. 칭찬 말씀은 기억나지 않으나 대신 내가 그 칭찬으로 받았던 느낌만이 기억된다. 칭찬을 듣고 나서 집으로 돌아와 이미 늦은 시간이었고 식구들이 다 누워 잠자리에 들었는데 내가 혼자 배웠던 부분을 복습인지 예습인지를 한다고 책상에 혼자 등불을 켜놓고 책을 보았다. 지금도 그때 느낌이 기억에 남아 있다. 폼은 잡았지만 책 내용이 머리에 쏙쏙 들어오지는 않았다. 하여튼 공부하려고 폼을 잡고서 애를 쓰고 있었다. 그때 어머니가 일어나시며 "형찬이가 공부하는구나"라고 대견해 하시었다. 어머니의 이 말씀은 평범한 말이었지만, 나는 어머니가 속으로는 얼마나 좋아하시는지 느껴지는 기분이었다. 폼만 잡고 공부가 별로 된 것도 없어 한편으로는 좀 쑥스러웠지만 어머니를 기쁘게 해 드렸다는 생각에 이 말씀은 나에게는 커다란 칭찬이었던 것 같다. 이때 이래로 학교 공부가 오르락내리락해도 마음속에는 '잘해야 한다'는 생각이 자리를 잡게 되었고 그 후 아직까지도 긍정적으로 노력하는 계기가 되었다고 생각한다.

이때 나는 이 칭찬을 적극적으로 살리는 노력을 했어야 하나 아쉽게도 그 후속편은 기억나는 것이 없다. 일회성의 사건이었다고 할 수 있다. 그러나 그 칭찬은 장기적이고 은근한 영향으로 남아 있었다고 생각한다. 오늘날까지 비교적 긍정적인 생각으로 큰 어려움을 겪지 않고 살아오게 한 칭찬이었다고 생각한다.

전에는 칭찬을 잘 하지들 않았다. 나부터도 대수롭지 않은 일에 칭찬의 말을 들으면 별로 개운한 기분이 들지 않았다. 칭찬에 좀 무덤덤한 사회 분위기였다고 기억한다. 지금 생각하면, 당시에는 우리 사회가 아이들이나 청소년들에게 재능을 일찍부터 찾아내어 살려줄 수 있는 환경이 되지 못했고, 따라서 자연히 칭찬의 장기적 효과를 염려하는 사회가 되지 않았나 생각된다.

"칭찬은 고래를 춤추게 한다."라는 말은 칭찬 효과가 극대화된 경우이다. 상징적인 말을 넘어 현실적 말이라고 생각한다. 동물원 돌고래 묘기들이 바로 이 말을 증명하고 있지 않은가? 이 말이 주목을 받는 이유는 칭찬의 효과가 극적일 수 있다는 것이리라. 좋아하는 칭찬(또는 보상)을 찾으면 고래가 이렇게 능력을 발휘할 수 있는 것이다.

우리가 칭찬에 대해 민감한 것은 칭찬은 일종의 보상이기 때문이다. 보상을 구하는 것은 생명체의 가장 기초적 본능이고 생존경쟁의 수단이다. 그러므로 우리 대뇌의 발달은 결국 이 보상회로를 계속 진화시킨 결과이다. 칭찬에 민감하도록 우리 뇌는 진화되어 있다고 할 수 있다. 보상은 양의 피드백 역할을 한다. 양의 피드백은 폭발적 특성을 갖는다. 이러한 보상의 폭발 특성은 동물 실험을 통해 분명하게 입증되고 있을 뿐 아니라 우리 사회 현상에서 그리고 우리 자신의 경험에서도 충분히 수긍할 수 있는 특성이다.

이제 우리 시대는 각자의 잠재력을 계발하고 또 이의 발휘가 요구되는 시대라고 생각한다. 칭찬과 보상이 고래를 춤추게 하고 강아지가 서핑을 하게 할 수 있지만 이제 우리에게 정말로 중요한 것은 자신의 양의 피드백을 찾아 잠재력을 한껏 발휘하는 일이 아닐까? 그런 사회적 분위기가 잡힐 때 유행의 사회를 넘어 창조의 사회로 개성이 꽃 피우는 독특한 다양성의 사회로 갈 수 있지 않을까? 그것이 우리가 바라는 선진국이 아닐까 생각해 본다.

아이들을 격려하고 칭찬하는 일은 중요하다. 그러나 보다 중요한 것은, 아이들이 [아이들만의 일은 아니지만] 스스로 자신의 흥미를 찾는 일, 자신의 긍정적 신호를 찾는 일, 그리고 이를 스스로 살려가는 일이 궁극적으로 보다 중요하다고 생각한다. 그런 의미에서도 어려서부터 '재미나는 것, 흥미 있는 일'을 찾아 할 수 있는 환경이 중요해지고 있다고 생각된다.

나비효과

'나비효과'는 어떤 복잡계에서도 존재한다.
두뇌라는 복잡계에서도 당연히 나비효과는 존재한다.

∞ 산샤댐 상류의 방류로 인한 홍수 현황

＊

　장마가 오래 계속되며 덥지 않은 여름을 지내고 있다. 중국에서는 이어지는 홍수로 몇천만 명의 이재민이 발생하였다 한다. 몇천만이면 우리나라 전체 인구다. 그 정도는 눈 깜짝도 안 하는 것 같다. 이미 발생한 이재민들보다 산샤댐 붕괴 염려가 오히려 뉴스의 초점이 되고 있을 뿐이다. 그러나 홍수 이야긴 없이 동북 곡창지대 시찰 뉴스만 내보내고 있다 한다. 우한 코로나 펜데믹에 이은 엄청난 홍수로 민심이 흉흉해지고 불만들이 터져 나오고 있는 상황이다. 큰 재해가 연이어 일어나는 중국의 모습에 옆 나라의 우리까지도 아슬아슬하게 느껴진다.

　예전에는 홍수나 가뭄이 들면 백성들이 고초를 겪는다고 임금이

앞장서서 근신하며 하늘에 제사를 지내어 빌었다 한다. 이러한 사고 방식은 한나라 동중서의 천인[天人]감응설에 유래를 두고 유교 정치 철학의 바탕이 되었다 한다. 세종대왕은 홍수나 가뭄에 근신하던 기록이 많다고 한다. 그러나 지금 우리는 이런 생각을 비과학적이라고 한다. 어떻게 한 개인의 생각이나 행동이 기후 같은 자연현상에 영향을 줄 수 있을까? 그러나 정말로 비과학적이라고만 치부해 버릴 수 있을까? 중국의 요즘 재난이 지도자들과 무관하다고 단정할 수 있을까? 얼마 전 동료들과 나눈 대화가 생각났다.

같이 일하던 동료 몇몇이 은퇴 후 한 달에 한 번씩 모이고 있다. 친목 모임이지만 가끔 친목을 넘어서는 대화 주제가 아쉬울 때가 있다. 그러나 딱히 그래야 하는 모임도 아니어서 그저 주변 일상사나 부담 없는 이야기를 나누는 시간이 되고 있다. 이런 모임도 코로나로 벌써 2년째 못 하고 있다. 나는 좀 비일상적인 일에 관심이 있는 편이다. 코로나 펜데믹이 시작될 즈음에, 궁금하게 여기던 좀 싱거운 문제 하나를 모임에서 물어보았다. 그날도 무료했었는지 내가 불쑥, "유리 겔러의 '숟가락 구부리기'가 정말일까요?"라며 물었다. 그러자 C선생은 얼른 "그런 현상들이 아직 확실하게 확인된 것은 없어요. 유리 겔러 효과도 증명된 건 없어요." 그렇게 TV에서 떠들썩했던 유명한 현상인데 완전히 무시될 수 있는가? 그래서,

"TV를 시청하던 아이가 따라 하며 숟가락을 구부렸다는데 그건 어떻게 설명하지?"라고 물었다. C선생이 더는 언급하지 않았으나 나와 비슷한 생각을 하고 있었을지 모른다. 비록 대화는 더 이상 계속되지 않았으나 궁금증이 사라진 것은 아니었다.

일상이나 자연현상과 같은 수많은 변수들이 얽히는 복잡계[용어설명: 복잡계]에서 일대일 인과를 밝히기는 쉽지 않다. 그러나 이런 거시적 복잡계 현상에서 일대일 인과를 과학적으로 보여준 사례가 있다. 소위 '나비효과'라고 알려진 유명한 현상이다. '나비효과'는 복잡계에서 미세한 변화나 행위가 시작이 되어 예상치 못한 엄청난 결과를 야기하는 현상을 말한다. 예를 들어, 서울에서 공기를 살랑이는 나비 날갯짓이 다음 달 중국 북경에 폭풍우를 만든다든가, 미국의 조그만 금융기관 파산이 [2008년] 세계 금융위기를 발생시킨 사건 등이다. 이를 전문적으로는 "초기 조건에 대한 민감한 의존성"이라고도 말한다.

이 현상을 발견하게 된 것은 완전히 우연이었다. 1961년 미국의 기상학자 E.N. 로렌츠가 기상 시뮬레이션을 하면서 초기 조건 하나를 미세하게 바꾸자 완전히 바뀐 결과가 나와 그래프를 뒤죽박죽으로 만들었다.

당황한 로렌츠는 처음부터 다시 살펴보았다. 그런데 계산 속도를 좀 빠르게 하려고 수치 하나를 소수점 넷째 자리에서 반올림해 넣은 것이 엄청난 기상 변화를 만든 것이다. 별 영향이 없을 것이라 생각하며 미세한 변화를 준 것인데 전혀 예상하지 못한 엄청난 변화가 일어난 것이다. 이 현상을 그는 '나비효과'라 명명하였다.

기상뿐만 아니라 사회적 현상도 그리고 우리 두뇌 작동도 대표적인 복잡계 현상들이다. 나비효과는 어떤 복잡계에서도 발생한다. 두뇌라는 복잡계에서도 당연히 '나비효과'가 존재한다. 우리 두뇌에서는 어떤 나비효과가 있을까?

내가 떠올리곤 하는 나비효과들이 있다. 좌절할 때 자신을 격려하는 말들이다. "시작이 반이다." "정신일도 하사불성" "생각대로 이루어진다." 그리고 "진인사 대천명" 등은 우리 심금을 울리고 공명을 일으키며 우리를 경건하게까지 하는 말들이다. 천인(天人) 감응의 경구들이 아닌가? 이 말들을 비논리적으로 들린다고 부정할 수 있을까? 이 말들이 오히려 초능력이고 우리가 추구해야 할 나비효과들이 아닐까?

C선생의 말대로 유리 겔러의 '숟가락 구부리기' 초능력은 지금

'가짜'라는 중론인 것 같다. 그러나 사실은, 우리 오감으로 들어오는 정보들을 종합, 판단, 예측, 실행하는 우리 전두엽이 초능력자이고 바로 복잡계의 '나비효과' 상승작용을 만들어 내는 전문가라고 할 수 있다. "생각대로를 이루어 내는" 진정한 '나비효과의 디자이너'라고 할 수 있지 않을까? 천인 감응도 우리가 증명하기 힘든 또 하나의 나비효과 아닐까? 우리는 지금 수많은 다른 나비효과 디자이너들과 거의 실시간 소통하며 경험하지 못했던 새로운 나비효과를 준비하고 있는 중이다.

※
우상향 행복을 원하는가? 향상심이 답이다.

※
폭발적 창조는 구속되지 않는 자유정신과 목표를 향한 골똘함이 핵심이다.

1. 백 가지 생각 중 하나를 딱 집어내기
2. 학이시습, 배우고 때때로 익히다
3. 정말로 사소한 습관 하나가
4. 계시는 어떻게 일어나는 것일까

제6장

생활 속 뇌과학

백 가지 생각 중
하나를 딱 집어내기

_ 상선약수

우리는 종종 내가 그리는 인식 세상을 실존 세상으로 혼동한다.
현대인의 많은 정신적 갈등도 두 세상의 차이에서 출발한다고 할 수 있다.

∞ 우리도 어려울 때, 흐르는 물을 보며 느끼고 깨닫는 각자의 깨달음을 가지고 있다. 과학
   적 관점으로는 흐르는 물을 어떻게 볼 수 있을까? (사진 인용: www.shutterstock.com
   377603497)

현대는 불안의 시대라고 한다. 불안은 불확실성에서 온다. 쥐를 새로운 장소에 가져다 놓으면 불안 반응을 나타낸다. 불안은 생명체의 원초적 반응이라고 할 수 있다. 인류 역사상 현대처럼 환경이 급격히 변화하는 시대는 없었을 것이다. 어지러울 정도의 변화는 어쩔 수 없이 불확실성을 확대시키며 우리의 불안과 스트레스를 증폭시킨다. 그러므로 불안의 대처는 현대인에게 특히 사회진입을 앞둔 청년들에게는 더욱 중요해진다. 청년들은 입술이 마르는 스트레스와 불안을 경험하며 사회에 진입한다. 불안해지는 마음을 어떻게 다룰 것인가는 예나 지금이나 삶의 중요한 문제이다. 21세기 두뇌 과학의 시대를 맞으며 자신의 [두뇌] 잠재력 발휘를 위해 불안의 대처는 아주 중요한 문제이다.

하버드 경영대 애미 커드 교수는 2012년 TED 강연에서 단 몇 분간의 자세 변화가 마음 상태를 바꿀 뿐만 아니라 호르몬의 분비까지 변화시킨다는 흥미 있는 실험 결과를 보여주었다. 피험자들에게 한 그룹은 원더우먼 같은 자신감 넘치는 확장적 자세를 2분간 취하게 하고 다른 그룹은 팔짱을 낀다든가 손을 모으는 것 같은 위축된 자세를 2분간 취하게 한 실험 전후 침을 채취하여 테스토스테론(결단의 호르몬)과 코르티솔(스트레스 호르몬) 수치의 변화를 비교하였다. 그 결과는 앞 그룹의 경우 테스토스테론이 20% 증가하고 코르티솔이 25% 감소한 반면 뒤 그룹에서는 테스토스테론이 10% 감소하고 코르티솔은 17% 증가하였다. 두 그룹의 호르몬 변화 차이가 테스토스테론의 경우 30% 이상, 코르티솔의 경우 50% 이상이었다. 몸이 마음을 지배한다는, 즉 자세가 마음 상태에 영향을 주는, 중요한 실험 결과이다. 취업 면접이나 수주 상담과 같은 입술이 마르는 스트레스의 순간에도 화장실에 가서 잠시 자신감을 상징하는 확장적 자세를 취함으로써 위축되지 않고 상황에 집중하도록 뇌 호르몬의 도움을 받을 수 있다는 것을 실험적으로 증명한 것이다.[*]

애미 커드의 실험은 우리의 불안한 마음을 다루는 '자세'라는 새

---

[*] 2012 애미 커드 TED 강연.

로운 옵션에 대한 아주 흥미로운 과학적 데이터를 제공하고 있다. 그러나 자세가 우리의 불안한 마음의 해결에 일조할 수는 있겠으나 근본적인 처방은 될 수 없을 것이다. 어떻게 우리의 불안한 마음을 이해하고 이를 대처할 수 있을까?

뇌는 오감을 통해 들어오는 감각 신호와 기억을 바탕으로 우리가 살고 있는 세상을 그린다. 즉 내가 보고 느끼고 있는 세상은 뇌의 창작품이다. 이렇게 뇌가 그린 세상, 인식한 세상 속에서 우리는 살고 있다. 그러나 이 인식한 세상은 어쩔 수 없는 한계를 가진다. 실존(또는 실재)의 세상과 나의 인식 세상의 괴리가 있을 수밖에 없다.

그러나 우리는 종종 내가 그리는 인식 세상을 실존 세상으로 혼동한다. 이러한 오류는 예부터 지적되어 오고 있다. 노자는 도덕경의 첫 구절 道可道 非常道 名可名 非常名(도가도 비상도 명가명 비상명: 우리가 도라고 말하는 도는 실존의 도가 아니며, 이름도 마찬가지이다)에서 두 세상의 차이를 지적하고 시작한다. 현대인의 많은 정신적 갈등도 두 세상의 차이에서 출발한다고 할 수 있다. 이 차이가 심해지면 우울증과 불안과 같은 정신적 질환으로 발전한다. 상사는 단지 사무적인 이야기를 하였을 뿐인데, 나는 그가 의도적으로 괴롭힌다고 느낀다. 결국 피해의식이 생기고 심리적으로 뒷걸음치며 상황을 악화시키게 된다.

그러면 우리는 이 차이를 어떻게 극복하며 어떻게 실존 세상을 적절히 인식하며 살 수 있을까? 어떻게 우울한 생각들을 접고 세상을 차분히 바라보며 마음의 평화를 가질 수 있을까? 노자는 상선약수(上善若水)라고 하였다. 상선, 즉 이 문제에 대한 답을 "물과 같이 살라."고 한 것이다. 물이 흘러감과 같다는 것은 무엇을 이야기하는가? 물은 먼바다로 흘러갈 때에도, 오직 다음 스텝만을 보며, 지금 여기보다 높으면 머무르고 낮으면 나아가며 결국 바다에 도달하게 된다. 낮은 곳으로 낮은 곳으로 지금 위치가 더 낮은가만을 보며 흘러간다. 노자는 "자신을 낮추는 물의 겸손함."을 말하였고 공자는 "쉼 없이 흐르는 물의 근면함."을 말하였다. 상선약수는 우리나라 사람들이 가장 좋아하고 자주 인용하는 사자성어라고 한다. 우리도 어려울 때, 흐르는 물을 보며 느끼고 깨닫는 각자의 깨달음을 가지고 있다. 과학적 관점으로는 이를 어떻게 볼 수 있을까?

물은 '지금 여기'의 위치만 보며 흘러간다. 이러한 현상은 물리학에서는 국소성(locality)이라고 하며 이가 바로 장론(field theory)[용어설명: 장론]의 기본 원리이며 자연현상의 기본 원리이다. 물은 '지금 여기'만 보고 흘러가고 지구는 '지금 여기'만 보고 공전을 하고 있다. 우주가 상상을 초월하는 그 거대하고 장대한 드라마를 펼치고 있으나 이는 모두 이 국소적 '지금 여기'의 작용을 통해서 이루어질 뿐이다.

감당할 수 없을 정도로 스트레스가 쌓이고 삶이 불안해지고 힘들어질 때, 우리 뇌를 이해하는 것은 나의 어려움을 해결하는 데 도움이 된다. '나는 왜 이렇게 삶이 힘들기만 한 것인가?' 우리 뇌의 무게는 몸 전체의 2% 정도일 뿐이지만 소모하는 에너지는 25%로 아주 에너지 고소비 기관이다. 따라서 뇌는 에너지를 최대한 절약하는 방식으로 작동한다. 중요할 때는 에너지 소모가 많은 정신집중을 하지만 평소에는 최대한 절약하는 이완 모드로 돌아간다. 엄마의 잔소리처럼 반복되는 무해한 정보는 왼쪽 귀로 듣고 오른쪽 귀로 흘리지만 [습관화, habituation] 벌에 쏘이든가 독버섯을 먹은 고통처럼 중요한 정보는 절대 잊지 않도록 [민감화, sensitization] 기억한다. 뇌는 에너지 소모율이 매우 높아 근육보다도 더 게을러지기 쉽다. 왜냐하면 게으름은 에너지를 절약하는 수단이기 때문이다. 그러나 게으름이 습관이 되면 좀처럼 새로운 것을 배우려 하지 않는 완고한 성격이 되어 주변과 마찰을 빚고 피해를 주게 된다. 그러면 반작용으로 나에게 돌아오는 반응들이 차츰 거칠어지고 따라서 나는 여기저기서 스트레스를 받는 유해한 환경에 놓이게 된다. 뇌는 점차 부정적 신호에 반응해야 하고 그러면 뇌는 피곤해진다. 신호를 계속 무시하며 게으른 습관을 고집하면 상황은 감당하기 힘들게 악화된다.

그러나 '지금 여기'의 상황에서 들어오는 신호들을 그때그때 대응하면 어려워질 개연성이 높은 문제들도, 흐르는 물처럼, 일상적 수준에서 미리 대처할 수 있게 된다. 다음 글 〈정말로 사소한 습관 하나가〉에서처럼 보습제를 꾸준히 바르면 고질적 피부병을 피할 수 있고 자동차 엔진 오일을 제때제때 갈아주면 엔진을 해체해야 하는 큰 소동을 피할 수 있게 된다. 무위(無爲)의 지혜이다. 비록 상황이 어려워도, '지금 여기'에서 벗어나지 말고 충실할 것을 상선약수는 가르치고 있다고 생각한다. 알 수 없는 미래의 일들을 염려 않고, 이미 지나간 일들에 후회하고 집착하지 않으며, 물이 바로 한 발자국 앞만을 보고 나아가며 바다에 이르듯 '지금 여기'에서 들어오는 신호에 귀 기울이는 것이 나를 방황케 하는 '백 가지 생각 중 하나만을 딱 집어내기'의 지혜가 아닐까?

학이시습, 배우고 때때로 익히다

_ 학습법

우리는 종종 내가 그리는 인식 세상을 실존 세상으로 혼동한다.
현대인의 많은 정신적 갈등도 두 세상의 차이에서 출발한다고 할 수 있다.

∞ 새로운 것을 배울 때는 입력하기에 바빠 출력 회로가 잘 만들어지지 않는다. 학습할 때 연습
이 중요한 이유이다.

공자는 왜 인생 3락 중 제1락을 학이시습[學而時習]이라고 했을까? 지난 글 〈백 가지 생각 중 하나를 딱 집어내기〉에서, 상선약수[上善若水]의 약수[물과 같다]를 '지금 여기에 머무르기'라는 관점을 썼다. '지금 여기 머무르기'는 실제 실천이 쉽지 않다. 생각이 미래로 과거로 달아나지 않고 당면한 과제에 [주의]집중[attention]하기이다. 주의집중은 최근 뇌과학 연구에서 기억의 필수 조건 중 하나로 밝혀지고 있다. 그리고 기억이 잘 작동하기 위해서는 실습[연습 또는 복습]이 또한 반드시 필요하다. 공자가 학이시습[學而時習]을 제1락이라고 한 것은 가장 기본이라는 의미일 것이다. 학이시습의 뜻은 바로 '배우고 때때로 연습하기'이다. 기억[배움]의 두 가지 요소, 주의집중과 연습에 일치한다. 학이시습은 바로 기억이고 학습[배움]이다. 기억과 배움은

| 나도 별의 순간을, 와이낫 |

같은 의미이며 우리 인생에서 가장 중요한 두뇌 활동이다. 주의집중과 실습(연습)이 왜 중요한지 살펴보자.

배움과 주의집중: 주의집중을 하지 않으면 학습이 되지 않는다. 즉 기억으로 남지 않는다. 기억으로 되기 위해서는 시냅스 연결이 새로 만들어지거나 보강되어야 하는데 주의집중을 하지 않으면 시냅스 변화가 생기지 않는다. 생리학적으로 안 되는 것이다. 공부건 일이건 이들을 학습한 결과가 기억되지 않으면 완전히 소멸되어 버린다. 주의집중을 할 때, 예를 들어 저기 길 건너편에서 친구인 듯한 사람이 걸어오는 것이 보인다. 그러면 우리 시각은 그 친구에게로 주의가 집중된다. 시야에 들어오는 대상은 아주 좁은 영역뿐이다. 이렇게 주의집중 대상에 들어온 시각 정보들만이 기억된다. 이가 시각의 주의집중 과정이다.

해마의 장기기억 처리: 이렇게 주의집중이 지속되면 전두엽은 작동 기억(working memory, 단기기억, cpu)정보가 기억될 수 있도록 해마에 도파민 신호를 보내고 해마는 이 정보들이 장기기억되도록 처리한다. 주의집중이 되지 않으면 기억되지 않고 학습되지도 않는다. 영어 단어를 외우고 문장 구조를 분석하고, 수학 문제의 논리 흐름에 집중하고 대화에 주의를 기울이고 운동할 때도 식사할 때도 주의를 기울여야 학습이 되고 즐거운 대화가 되고 운동 테크닉이 습득되고 먹은 음식이 잘 소화되는 것이다.

학습의 대상은 지금 여기: 그러므로 학습(배움)의 대상은 수업 시간에만 있는 것이 아니라 '지금 여기'의 대상 모두가 바로 배움의 대상이다. 이렇게 '지금 여기'의 대상에 주의집중하며 그 흐름을 쫓고 이해하는 것이 '지금 여기'에 머무르기라고 할 수 있다. 그러므로 '지금 여기'는 우리 삶의 원점이고 뿌리이다. 미래의 일들은 원점의 파생일 뿐이다. 그러므로 미래가 걱정되면 더욱 현재에 집중해야 한다. 장래 어려운 상황이 예상되면 더욱 '지금 여기'에 몰두(집중)하는 것이 옳은 방법이다.

루프 구조와 연습의 중요성: 주의집중해서 배운 내용은 장기기억으로 남는다. 이 기억은 시냅스들의 강화된 연결 루프(고리 모양)망으로 이루어진다. 신경 전기신호의 흐름은 신경축의 한쪽 방향으로만 흐르는 일방통행이다. 우리가 기억한 것을 회상할 수 있다는 것은 즉 기억 정보를 넣었다가 빼낼 수 있다는 것이다. 그러나 넣을 때 경로와 빼낼 때 경로가, 일방통행이기 때문에, 서로 달라야 한다.

그러므로 회상할 때에는 입력경로와 다른 경로를 이용해야 하고

| 나도 별의 순간을, 와이낫 |

필연적으로 입력경로와 출력경로가 하나의 루프(고리)를 구성해야 한다. 루프(고리)처럼 닫힌 연결 구조를 가지고 있어야 잘 회상해 낼 수 있는 기억으로서 역할을 한다. 우리가 새로운 것을 배울 때는 기억시키기에 바쁘다. 즉 입력시키기에 바쁘다. 출력경로가 튼튼히 만들어지지 않는다. 반드시 입력한 것을 빼내는 회상 또는 연습 과정을 거쳐야 한다. 이렇게 연습할 때, 정보를 빼내는 새로운 출력 시냅스 망이 잘 만들어진다. 기억할 때 연습(복습, 실습)이 중요한 이유이다. 기억과 회상 과정은 모두 새 시냅스 조직을, 즉 새 단백질을, 만들어야 하기 때문에 시간이 걸리고 뇌로서는 많은 비용이 들어가는 쉽지 않은 과정이다. 그러나 기억 내용을 원활히 회상하기 위해서는 반드시 연습 과정이 필요하다. 게다가 장기기억 과정은 시간이 오래 걸린다. 연습을 하며 고착화하지 않으면 사라져 버린다.

백세시대의 자녀교육: 그러므로 학습의 핵심은 주의집중과 연습이다. 이들은 둘 다 자발적 활동이다. 누가 대신해 줄 수가 없다. 이 자발성이 배움이라는 두뇌 활동의 거의 전부라고 할 수 있다. 공자가 지적하듯 자발적 학습은 인생의 가장 큰 보람이고 즐거움이다. 어렸을 때 지겹게 강요해서 아이들이 학습에 정떨어지고 담쌓지 않도록 백세시대에는 부모들의 보다 새로운 자녀 지도가 필요할 것 같다. 백 년 인생 동안 즐길 수 있도록 자발적 학습의 즐거움을 배울

수 있게 자녀에게 자유로운 시간을 충분히 주자. 그러므로 부모나 선생님이 할 수 있는 것은 자발성을 잘 발휘하도록 동기 부여와 환경 만들어 주기에 머무르는 것이 바람직하지 않을까?

정말로 사소한 습관 하나가

습관을 바꾸기 힘들다지만, '정말로 마음먹기'를 하는 순간
바로 바뀔 정도로 오히려 쉽다.

∞ 끽끽거리는 문에 기름 좀 치면 금방 부드러워진다. '끽끽' 소리는 여기 신경
좀 써달라는 신호이다. 신호에 귀 막으니 삐걱거리던 문은 결국 고칠 수도
없게 된다. 이렇게 커져 버린 일들은 곳곳에서 우리를 지치고 힘들게 만든
다. '지금 여기'에서 들어오는 신호를 무시하지 않으며 반응하는 것이 자연
이고 무위가 아닐까?

지금은 오른 엄지 손끝이 동그랗게 아물어 있다. 엄지 손끝으로 고생한 지 얼마 만인지 모른다. 최근에는 계속 악화되어 어디까지 갈지 은근히 겁이 나기도 했다. 손끝이 트는 것은 젊을 때부터 겨울 철마다 있었던 일로 반창고를 붙여두면 낫곤 하니까 별 관심을 두지 않고 지내왔다. 요즈음에는 일회용 반창고를 오려 붙여서 별로 눈에 띄지도 않게 이용할 수 있다. 그러나 일회용 반창고가 나오기 전에는 백색 면 반창고를 붙이곤 했었는데 눈에 띄고 다른 사람과 만나노라면 "손 다쳤어요?" 하고 묻곤 했다. "아니요, 별거 아니에요."라며 대수롭지 않은 척 지나가지만 한두 번도 아니고 손끝에서 반창고 떠날 날이 없으니 신경을 안 쓸 수가 없다. 그러나 겨울철이 지나고 나면 괜찮아진다. 하루 이틀 있다가 반창고를 떼어내면 터진

부위는 발그레 붙지만, 주변 피부가 물에 불은 듯 허옇게 들떠 버린다. 그러면 너슬너슬한 피부가 개운치 않아 가위로 잘라내곤 한다. 그런데 이것이 되풀이되다 보니 피부가 얇아져 민감해진다. 그래서 그런지 요즈음에는 좀처럼 원상 복구되지 못하고 손끝이 계속 헐어 있다.

지난 1~2년간 손톱에 백화가 생기며 손톱선이 자꾸 내려가 손톱이 줄어들고 있다. 궁리 끝에 일종의 무좀이 아닐까 생각하고 잘 듣는 무좀약을 발라도 별 소용이 없다. 발 무좀에는 금방 효과를 나타내는데 내 손끝에는 도움이 되지 않는다. 습진약도 발라보았으나 별 반응이 없다. 답답해 약국에 가서 환부를 보여주며 상의를 했다,

"처음에 무좀약을 써보신 것은 맞는 거였어요. 무좀과 습진약이 다 안 들면 요즈음 복합약으로 나오는 피부약이 있는데 한번 써보세요."

크게 기대는 못 하면서도 희망을 놓지 않으려 사다가 며칠 발랐지만 역시 별 반응이 없다. 내 풍월상식으로는 무좀약과 스테로이드 습진약이면 피부약은 거의 다 써본 셈인데 낫지 않으니 큰 기대를 하기가 힘들었다. 결국 약으로 고치기를 자의반 타의반으로 포기했

다. 그리고서는 대책 없이 지내고 있었다.

이런저런 임시 조치를 취하곤 하지만, 손끝이 아플 때마다 어머니가 늘 "야, 눈물이 쏠쏠 나오는구나."라고 아파하시던 생각이 난다. 아플 때마다 '나도 유전이구나.'라는 생각 때문인지, 그때그때 신경 좀 쓰이다가 괜찮아지곤 해서인지 꼭 고쳐야겠다는 생각은 못했던 것 같다. 마음속에 이런 생각이 있으니 고쳐질 리가 있겠는가? 이러한 유전에 대한 관념이, 유전병 진단을 받는 많은 사람들에게, 비슷하게 작용하는 게 아닐까 생각한다.

한겨울에 계속 악화되는 손끝을 보며 얼핏 엄습하는 가벼운 두려움과 함께 '이걸 어떻게 고치지?'하는 생각이 문득 떠올랐다. 정말 처음으로 하는 진지한 질문이 아니었던가 생각한다. 몇 년 전 등의 가려움 때문에 피부과를 찾았을 때 내가 아마 평생 잊지 않을 의사의 확실한 명 코멘트가 떠올랐다.

"피부는 첫째도 보습, 둘째도 보습, 셋째도 보습이에요."

그럼 '보습제를 열심히 바르자.' 손끝에 보습제 바르기가 그리 어려운 일이 아닐 텐데도 그 오랜 시간 겨울마다, 눈물이 쏠쏠 나오는 고통을 겪으면서도 낫도록 열심히 바르겠다는 생각을 하지 못했다.

그리고는 자그마한 방울 약통에 보습제를 채워서 여기저기 두었다. 언제라도 손끝에 자극이 오면, 바를 수 있게 준비를 하고 정성껏 바르기 시작했다. 한 달이 지나도 큰 차도가 없던 중 하루는 새로운 깨달음을 얻었다. 반창고를 붙이고 상처가 회복되면 물에 불은 허옇게 된 피부들을 가위로 잘라내곤 하였다. 이미 부르터 떨어져 있는 것이니 더러움 끼지 않게 없애는 것이 낫다는 변명과 함께 잠시 개운한 느낌에 이 습관을 계속해 왔다. 그런데 그날은 아무런 죄가 없어 보이는 이 작은 습관을 다시 생각해 보게 된 것 같다. 아마 '안 되겠다. 방법을 찾아야겠다.'는 생각을 무의식적으로 한 게 아닐까?

우리 피부는 하나의 커다란 보자기라는 것을 떠올리면 이 작은 순진한 습관이 얼마나 어리석었는지 자책하게 된다. 건드리지 않고 두면 터진 피부들이 서로 붙어 금방 아물 텐데 물에 불었다고 잘라내곤 하였으니 보자기가 찢어지기만 한 게 아니라 구멍이 뻥뻥 나버린 것이다. 겉 피부가 잘려나갔으니 그 밑의 얇은 피부가 외부 자극에 그대로 노출되고 민감해진다. 이를 생각지 못하고 가위로 잘라내고 청소됐다고 개운해 하였으니 말이다. 그러고서는 자르기 버릇과 단호하게 이별을 선언하였다.

이제 보습을 정성껏 하기 시작한 지 두 달 정도 되지 않았을까? 지금은 손끝이 거의 동그스름하게 아물어 있다. 아직 완전히 덮지 못한 표피층 피부가 있지만 이대로 가노라면 낫겠다는 생각이 든다. 더 좋아지지 않고 지금 상태에서 유지된다고 해도 보습제 좀 열심히 바르면 큰 문제 없을 것 같다. 많이 매끄러워진 손끝을 바라보며 결국 '무지가 병'이구나. '유전이 아니다. 무신경이 병이다.'라는 생각이 새삼스럽게 떠오른다.

"유전이에요."라는 말은 환자에게는 과학적인 의미 이상으로 들린다. 감기 자꾸 걸리면 호흡기가 약한 유전이고 소화가 잘 안 되면 소화기가 약한 유전인데 세상에 유전 아닌 병이 어디 있겠는가? 하물며 손끝 트는 것조차 유전인데. 과학적 관점에서 유전이라고 하지만 환자가 들은 이 말은 '고칠 수 없어요.'라는 선고로 들린다. 철문이 쾅 닫히는 소리로 들린다.

손 트는 것, 유전 때문이 아니다. 단순한 보습 문제다. 문이 끽끽거리면 기름 좀 치면 금방 부드러워지지 않는가? 여기 신경 좀 써달라는 신호일 뿐이다. 듣기 싫은 '끽끽' 소리가 문에서 계속 나는데도, 눈물이 쏙쏙 나오게 아픈데도 신호에 귀 막고 있으니 문제가 커지는 것이다. 끽끽거리던 문은 결국 찌그러져 고칠 수 없게 되어 큰 일이 되고 헐어버린 피부도 손대기 힘들게 될 것이다. 이렇게 커져 버린 일들은 곳곳에서 우리를 지치고 힘들게 만든다. 노자의 무위자연[無爲自然] 철학은 그런 지치고 혼란된 우리의 마음을 오랜 세월 보듬어 주고 치유해 주는 가르침이었다. 그렇다고 무위자연이 엄청나게 크고 깊은 구름처럼 높은 지혜라기보다 지금 현재의 문제에 귀기울이고 응하라는 말이라고 생각한다. 무위[無爲]는 인위[人爲]가 없음을 말하며 즉 자연이고 순리이다. 빨간 신호면 멈추고 파란 신호면 가는 것이 순리이고 자연이다. 바로 '지금 여기'에서 들어오는 신호를 무시하지 않으며 반응하는 것이 자연이고 무위라고 생각한다.

계시는 어떻게
일어나는 것일까

생각이 들 때가 할 때다.
지금이 그때다.

∞ 계시가 정말로 있는 것일까?

| 나도 별의 순간을, 와이낫 |

아침에 책상에 앉아 할 일 정리를 하며 오늘은 잊지 말고 내야 한다고 부가세 납부를 제일 번으로 꼽았다. 차일피일 미루다가 지난달 25일 납기를 놓쳤다고 "미안하다."며 새 고지서를 부탁했었는데 이번에 또다시 그런 일이 생기면 세무사에게 체면이 말이 아니다.

인터넷 시대의 납기, 인정사정없다: 오늘은 다음 달 23일이다. 처리를 또 미루다가 요즘같이 깜빡하면 며칠이 지날 수 있는 일 아닌가? 이럴 때 이틀 지나가기는 예사다. 오늘은 꼭 내야 한다. 지난달 25일이 부가세 내는 날이었다. 세금 내는 것을 까맣게 잊고 있다가 오랜만에 이메일 체크를 하면서 고지서가 날아와 있는 것을 보았다.

그런데 26일 아침에 본 것이니 몇 시간만 일찍 봤어도 되는데 그만 몇 시간 늦어버렸다. 컴퓨터는 인정사정이 없다. 아니 단 1초도 안 봐준다. 아예 창이 닫혀버리니 단 1초가 지났어도 안 받아준다. 호소할 데가 없으니 사정이고 뭐고 없다. 세금 낼 수 있는 방법이 사라진다. 은행에 가서 낼 수도 없다. 그렇다고 잊고 있을 수도 없다. 벌금은 날짜별로 꼬박꼬박 올라간다.

얼른 세무사에게 전화를 걸어 "아, 그만 그동안 이메일 체크를 못 하다가 오늘 아침에야 봤어요. 죄송하지만 납부 고지서를 다시 좀 부탁합니다." "납기가 다음 달까지로 연기되었어요." "예?"

그러면서 '아하, 지금 코로나 때문이겠구나.' 하는 생각이 든다.

"예에, 알겠습니다. 감사합니다."

변하는 마음: 그리고는 즉시 내겠다고 생각하던 마음이 순간에 녹아버리고 또 차일피일 미루다 오늘이 그다음 달 23일이다.

아직 이틀이 남아 있으나 한 번 지나고 나면 경고음이 확실하게 울려준다는 보장이 없어 '오늘은 반드시 내자.'라며 다짐을 하였다. 제일 먼저 하자던 속마음이었으나 오후 2시가 넘어서야 홈택스에 들어가 납부를 하였다. 자진 납부를 해야 하기 때문에 절

| 나도 별의 순간을, 와이낫 |

차가 좀 신경 쓰인다. 자꾸 미루게 되는 이유도 이 과정에 신경을 좀 써야 하기 때문이다. 그런데 납부를 하면서 보니 납기일이 23일이 아닌가.

"아니, 25일이 아니야?"

철렁한다. 당연히 다음 달로 연기했으면 다음 달 부가세 납기일인 25일이라고 짐작하고 있었는데 왜 하필 23일인가? 25일이 노는 날도 아닌데. 나를 놀리는 셈인가? 하여튼 상황은 나를 놀리는 것처럼 전개되었다. 누가 뭐하자고 한가하게 나를 놀리겠는가?

계시였던 것일까: 아침에 기분이 '이틀 남기는 했으나 더 이상 연기는 안 되겠다.'는 생각이 스치고 지나갔는데 바로 이 생각이 계시였던 것일까? 그런데 이런 묘한 일치가 심심치 않게 일어난다. 정말 우연이었을까? 왜 하필 23일에 이 생각이 들었나? 22일도 24일도 아니고 23일에. 단순히 건망증 버릇 때문에 생긴 일반 기우에 의한 것이었나?

이번 경우는 그렇다 해도 얼핏얼핏 스치는 생각에, "생각이 들 때가 할 때다."라며 즉시 대응을 하면 이번 같은 '휴우' 하던 경험이 드물지 않다.

누군가 "되풀이되는 우연은 팩트."라고 한 어떤 정치인의 명언이 생각이 난다. 팩트라면 어떻게 이 계시가 미리 경고를 할 수 있었을까? 그 연결이 어떻게 이루어질까? 어떤 메커니즘이 있을 수 있을까? 오랫동안 내가 가진 궁금증이다. 아직 그 메커니즘을 찾지는 못하고 있지만 현대 과학의 테두리 안에서 그 연결의 feasibility[실행할 수 있음, 가능성]은 볼 수 있을 것 같다는 느낌도 든다.*

---

* 　현대 과학은 소위 '나비효과'의 인과관계를 과학적인 시뮬레이션에서 보여준 바 있다. 1961년 미국의 기상학자 로렌츠에 의해 우연히 발견되었다.

| 나도 별의 순간을, 와이낫 |

5

펜과 진펜사

긍정적 보상감을 주는 양의 피드백 작용은 비록 사소하게 보여도
폭발적 창의력을 일으키게 한다.

∞ 빅펜은 500원짜리 소박한 펜이다. 새까맣던 심이 마지막까지 투명해지며 명을 다한다. 내 기
분도 개운하고 아마 빅펜도 여한 없이 갈 것이다. 얼핏 우리 존재의 명은 이 빅펜의 명과 크게
다르지 않다는 생각이 든다.

요즈음 나는 글을 쓸 때 빅(BIC)볼펜을 항상 사용한다. 전에는 볼펜을 사서 끝까지 써본 적이 없었으나 요즈음에는 볼펜 한 자루를 금방 다 쓰곤 한다. 자주 쓰면서 빅(BIC)볼펜 팬이 되었다. 빅은 미국 사람들이 많이 사용하여 미국 회사인 줄 알았는데 프랑스 회사라고 한다. 최초의 볼펜 대량 생산 회사이고 현재도 가장 큰 볼펜 회사이다. 내가 쓰는 볼펜은 크리스털 빅으로 투명한 몸체에 속 잉크심까지 맑게 다 들여다보이는 15cm 길이의 아무 장식 없는 펜이다. 회사의 모토는 "가장 저렴한 가격으로 최고의 품질을 제공하는 것."이라고 한다.

펜은 내가 가장 많이 이용하는 문방구이나 마음에 드는 펜을 찾기가 쉽지 않았다. 중고등 시절에는 잉크를 찍어 쓰는 펜과 만년필

| 나도 별의 순간을, 와이낫 |

을 쓰는 시대여서 잉크병을 가지고 다녔다. 잉크가 묻고 새고 신경을 많이 써야 했다. 볼펜이 나왔는데 초기 볼펜은 잉크가 필요 없으니 편리하기는 했으나 모나미가 나오기까지 대중화되지는 못했었다는 기억이다. 그리고 우리나라 대표 모나미 볼펜이 나오고 요즈음에는 수성펜, 젤펜 등이 나오며 펜의 기능이나 쓰는 느낌이 완전히 개선되어 어떤 종류라도 마음에 드는 펜을 쉽게 찾을 수 있다.

내가 좋아하는 빅(BIC)볼펜은 아마 역사가 가장 오래된 볼펜 중 하나일 것이다. 전에도 빅볼펜을 쓰곤 했으나 특히 마음에 든다는 느낌 없이, 오히려 투박하다 느끼며 가까이하지 않았다. 그러나 눈에 띄는 기능적 결함이 없어서인지 내 주변에 한 자루씩은 늘 돌아다니고 있었다. 글을 쓰기 시작하며 빅볼펜은 차츰 내 글쓰기와 가까워지게 되었다. 요즈음에는 이 빅볼펜을 들고 앉아야 글쓰기가 될 정도로 내 글쓰기의 가장 중요한 파트너 역할을 맡게 되었다. 아이비스 노트에 빅볼펜을 들고 쓸 때 펜 끝에서 글이 흘러나오는 그 느낌이 좋다. 손놀림도 빨라지면서 머리에서 생각이 흘러나오는 속도와 보조를 맞추며 펜도 매끄럽게 노트 위를 달리면 그 느낌을 즐기기 위해서 글쓰기 시간이 좋은 적도 꽤 있다.

얼마 전 오프미팅에서 HJ님에게서 목재로 된 아름다운 수제 볼펜 한 자루씩을 다들 선물로 받았다. 내가 회사 사람들을 처음 만나곤 할 때 이들이 자주 고급 볼펜을 선물로 주곤 하던 생각이 얼핏 떠오른다. 너무 고급스러워 잃어버릴까 걱정이 될 정도의 볼펜들이었으나 받아놓고는 펜 필통에 모셔놓고는 가끔 꺼내어 잉크가 잘 나오는지 체크해 보는 정도이지 이 고급 볼펜으로 노트에 글을 쓰는 일은 별로 많지 않았다.

빅펜은 500원짜리 소박한 펜이지만 자신의 기능을 최대한 발휘하고 새까맣던 심이 투명해지면서 명을 다한다. 내 기분도 개운하고 아마 빅펜도 여한 없이 갈 것이다. 얼핏 우리 존재의 명[命]은 이 빅펜의 명[命]과 크게 다르지 않다는 생각이 든다. 내가 타고난 기능을 아낌없이 발휘하고 명을 다하는 것, 그것이 진펜사[盡pen事]이고 또한 진인사가 아닐까 생각한다. 새까맣게 꽉 차 있던 잉크가 그대로 굳어버리게 되면 얼마나 아까운 노릇인가? 벤츠 자동차를 차고에 모셔놓고 있다가 별로 타지도 못하고 녹슬어 버린다면 얼마나 아까운 노릇인가? 죽을 때 제 능력을 한번 마음껏 발휘하지 못하고 죽게 된다면 얼마나 아까운 노릇일까? 펜은 수동체여서 주인을 잘 만나야 하지만 우리 인간은 능동체이다. 주어진 두뇌라는 엄청난 자산을 잘 드라이브하여 그 폭발적 잠재력을 발휘케 하는 것이 우리의 명이 아닐까 생각해 본다. 펜의 진펜사를 보며 앞으로 펜과 더욱 가까이 되기를 바란다.

| 나도 별의 순간을, 와이낫 |

요술램프 지니와 인생의 의미

_ 뇌의 무한성

뇌신경의 양의 피드백 작용은 또 다른 무한한 잠재력이다.
양의 피드백이 작동하는 학습 탐구 창조 활동의 가속 폭발 특성은
무한한 잠재력의 두 날개 중 하나이다. 다른 하나는 무한한 기억 용량이다.

∞ 그러면 이 무한한 잠재력의 거인을 가지고 우리는
무엇을 할 것인가? 뇌과학은 어떤 무한 잠재력의
'지니' 사용설명서를 제공하고 있을까?

"요술램프 지니가 있으면 얼마나 좋을까? 무엇을 할까?"

어렸을 때 누구라도 아라비안나이트의 요술램프 '지니'의 상상을 즐겼을 것이다. 수많은 꿈과 상상의 덕으로 우리는 지금 지니 이상의 수많은 거인들의 도움을 받고 있는지 모른다.

인생의 의미, 나의 의미: 우리는 요즈음 인생의 의미를 자주 묻는다. 르네상스를 거치고 과학이 뿌리를 내리며 오랫동안 우리가 삶의 목적 또는 의미로 삼아오던 신이나, 국가나, 민족이나 가족과 같은 외적인 목적이나 의미는 어느덧 희미해져 가고 있다. 이렇게 복잡 다양한 세상에 어떻게 일률적으로 삶의 의미를 말할 수 있겠는가? 이

| 나도 별의 순간을, 와이낫 |

제 나의 의미, 내재적일 수밖에 없는 '의미'가 필요한 시대가 되고 있다. 우리 자신이 만들어 가야 하는 의미이고 목적이다.

진화하는 인생의 다양한 의미: 개구리 물갈퀴는 헤엄을 치기 위한 목적을 가지고 만들어진 것일까? 그러나 생명의 진화는 어떤 목적을 가지고 진화한 것은 아니다. 적자생존에 의해 자연히 물갈퀴를 가진 놈들이 환경에 잘 적응해 살아남았을 뿐이다. 단지 큰 물갈퀴를 가진 개구리가 좀 더 생존할 수 있었을 뿐이다. 우리 생명도 어떤 외적으로 정해진 목적이나 의미를 위해 만들어진 것은 아닐 것이다. 우리는 지금 다차원의 다양성 시대에 살고 있으며 외적 획일적 의미에 목매어 살던 시대는 사라지고 있다. 이제 우리는 자신이 욕망하고 부여하는 의미가 진정으로 우리를 창공으로 날게 하는 자유의 시대에 살고 있다.

새로운 과학적 가이드라인을: 그러면 지금 시대에 살고 있는 우리는 삶의 의미나 목적을 어떻게 잡아야 후회되지 않는 삶이 될 수 있을까? 어떻게 내가 갖고 태어난 잠재력을 한껏 발휘할 수 있을까? 필자는 뇌과학이 이루어 낸 발견들은 우리 자신을 새롭게 보는 계기와 가이드라인을 제공한다고 생각한다. 그러면 뇌과학적으로 우리는 어떻게 우리 삶을 생각할 수 있을까?

고급 벤츠라면: 우선 간단한 예를 보자. 내가 벤츠 경품권을 받았다고 하자. 고성능 명품 벤츠가 생겼다. 이 벤츠를 어떻게 할 것인가? 벤츠를 아낀다고 창고에 모셔 두었다가 녹슬어 버린다면 이는 벤츠 대접이 아니다. 아우토반이 없으면 고속도로라도 가서 달려야 하지 않겠는가? 그리고 때로는 아우토반에도 나가서 성능껏 달리며 녹슬지 않게 고장 나지 않게 오래오래 잘 사용하는 것이 벤츠에 알맞은 대접일 것이다.

무한 기억 용량, 즉 무한한 잠재력의 존재: 우리는 어떤 존재인가? 어떤 능력을 가지고 있는가? 현대 뇌과학은 무엇을 말해주고 있는가? 뇌과학이 많이 발전하여 과학자들은 우리 뇌신경 구조와 기능에 대해 많은 것을 파악하고 있다. 중요한 점은 우리 뇌는 무한한 기억 저장 능력을 갖고 있다는 사실이다. 이는 우리 뇌의 기억 메커니즘과 신경구조를 알면 누구나 쉽게 수긍할 수 있는 사실이다. 무한한 기억 용량을 갖고 있다는 말은 바로 우리 뇌가 무한한 잠재력을 갖고 있다는 말이다. 컴퓨터의 기억 용량은 컴퓨터가 할 수 있는 능력을 결정하는 가장 중요한 요소이다. 용량이 거의 컴퓨터의 능력을 말해준다. 이런 관점에서 우리 뇌의 무한한 잠재력에 대해서 이야기해 보자.

대뇌는 새로운 정보를 습득하고 창조: 벤츠는 도로를 달리고 우리 뇌는 신경 간 신호 전달을 하는 존재이다. 신호 전달은 두 신경 간의 연결이 있어야 한다. 이 연결점을 '시냅스'라고 부른다. 그러므로 시냅스를 만드는 것이 뇌의 가장 중요한 역할이다. 시냅스는 경험, 학습 또는 창조적 작업에 의해 만들어진다. 그러므로 학습(배움)과 창조가 대뇌의 가장 중요한 역할이라고 할 수 있다. 학습이 기존의 정보를 습득하며 연결하는 작업이라면 창조는 새 연결을 스스로 만들어 정보를 창조하는 작업이다.

뇌신경 연결 구조는 언어체계와 유사: 성인의 뇌신경 연결체계는 언어의 체계와 유사하다. 아기는 말을 배우기 이전에도 많은 정보를 기억한다. 그러나 2~3세 이전의 기억은 다 사라진다. 이를 '유아 건망증'이라고 부른다. 필자는 유아 건망증의 이유는 유아들이 말을 배우기 시작하며 뇌신경 연결을 언어체계로 완전히 새롭게 바꾸기 때문이라고 본다. 따라서 영아 시절의 (바탕화면 체계의) 기억은 사용하지 않아 시냅스 가소성에 의해 소멸되어 버린다. 이는 2~4세에서 대량으로 일어나는 아기들의 뇌신경 가지치기 즉 시냅스 소멸이 이를 뒷받침한다. (그림 참조)

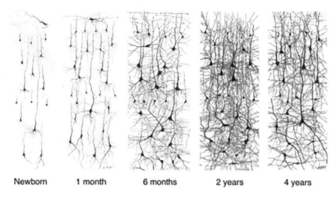

Newborn   1 month   6 months   2 years   4 years

∞ 두 살 때까지 급격하게 증가하다가 가지치기가 이루어지며 줄어드는 수상
돌기의 숫자. ["Connectome", S. Seung, Mariner Books, 2012 인용]

아기는 젖을 먹으며, 엄마를 본다. 이때 엄마의 눈, 코, 입 등 이목
구비가 '얼굴'과 연계되어 기억된다. 이제 말을 배우기 시작하면 '엄
마 얼굴'은 다시 '엄마'라는 단어와 연결된다. '엄마'는 다시 '나'와 연
결되며 '가족'이 된다. 단어 또는 이름을 바탕으로 컴퓨터의 파일들
처럼 분류되어 있다. 그러므로 파일들이 주소를 가지듯 우리 기억도
주소를 가지게 되어 쉽게 그리고 의식적으로 찾아갈[회상할] 수 있는
체계이다. 반면에 영아의 기억은 의식적으로 회상하기가 어렵고 쓰
지 않게 되어 소멸되어 버린다. 그러므로 우리 신경의 연결체계는 자
연히 언어체계를 따르게 될 것이다. 물론 뇌신경의 연결 네트워크는
언어로 표시되지 않는 정보들을 포함하고 있으나 기본 체계 구조는
언어체계를 따르고 있다고 봐야 할 것이다.

창조는 새 신경 연결 만들기: 이렇게 뇌신경의 연결이 이루어지며 새로운 것을 배우고 기억하게 된다. 그리고 이러한 연결 과정은 없던 새 연결을 뇌가 자발적으로 만드는 창조의 과정이기도 하다. 스티브 잡스는 창조를 '두 점의 연결'이라고 하였다.

뇌의 무한성에서 출발함은 전혀 무리가 없다: 기억이 두 신경의 연결[또는 연계]임을 생각할 때, 우리 뇌는 무한한 용량을 가지고 있음을 알 수 있다. 실제 무한이라고 말할 수 있다. 뇌에는 약 천억 개의 신경이 있고 각 신경은 수천 개의 시냅스 자리를 가지고 있어 전체 시냅스 자리는 약 수백조 개가 된다. 그러므로 두 신경 연결 방법의 숫자는 수백조의 수백조이다. 이를 숫자로 말하는 것은 이미 무의미하다. 실질적으로 무한이다. 그러므로 우리 뇌의 무한한 잠재력에서 이야기를 시작하는 것은 전혀 무리가 없다고 볼 수 있다.

무한성의 두 축: 뇌신경의 양의 피드백 작용은 또 다른 무한한 잠재력을 제공한다. 양의 피드백이 작동하는 학습 탐구 창조활동의 가속 폭발 특성은 무한한 잠재력의 두 축 중 하나이다. 또 다른 한 축은 무한한 기억 용량이다. 이러한 특성은 우리의 경험에서도 어느 정도 공감을 일으키는 바이지만 뇌과학적으로 이를 확인하였다는 것이 특별한 의미를 갖는다. 단지 경험을 넘어서는 과학적 사실이라 함은

무한한 잠재력이 우리 모두의 잠재력이라는 것이다. 나도 무한한 잠재력을 갖고 있다는 것이다. 이제 우리는 이러한 자산을 구태여 의심할 필요가 없고 잠재력을 계발하고 발휘하는 데 전념해야 할 뿐이다.

자, 우리는 무엇을 할 것인가? 이번에는 우리가 벤츠 대신에 아라비안나이트의 거인 요술램프 '지니'를 경품으로 받았다고 하자. 우리 두뇌는 지니 이상의 경품이라고 해도 과언이 아니다. 이제 나에게 이 무한 잠재력의 정신과 육체가 주어졌다. 그러면 이 무한한 잠재력의 거인을 가지고 우리는 무엇을 할 것인가? 뇌과학은 어떤 무한 잠재력의 '지니' 사용설명서를 제공하고 있을까?

살라미* 행복, 진화의 축복

향상심이 답이다.

*긍정적 자세, 즉 적극적으로 양의 피드백을 찾으려는 자세가
우리를 행복의 방향으로 안내한다.*

∞ 시지프스의 운명은 모든 생명의 운명과 너무나 닮아 있다. 무의미한 매일의 반복이다. 생명은 그 반복의 시련 속에서 진화를 한다. 세포에서 인간으로, 이 경이로운 진화가 어떻게 가능했을까? 종의 행복은 살아남는 것이다. 아니 살아남아서 행복한 것이다. 행복을 느끼는 길이 살아남는 길이다. 행복은 진화의 길이고 삶의 길을 가리킨다. 그러므로 행복은 목적이 아니라 살아남기 위한 수단이라고 과학은 밝히고 있다. [그림 인용: https://blog.daum.net/topreacher/154]

---

* 살라미: 살라미는 '얇게 썰어 먹는 딱딱한 이탈리아식 소시지'를 말한다. 우리가 피자에 많이 넣어 먹는 소시지이다. '살라미 전술'은 살라미 소시지를 얇게 썰어 먹는 것처럼 현안을 부분별로 세분화해 이익을 극대화하는 협상 전술을 말한다.

우리가 행복을 느끼며 살기가 쉽지 않은 것은 무슨 이유일까? 너무 큰 행복만을 바라보는 것도 하나의 이유가 아닐까? 스카이[SKY*]에 입학하면, 결혼하면, 취직하면, 로또가 되면 행복할 것이라고 생각한다. 물론이다. 그러면 크게 기쁠 것이다. 그러나 로또 당첨된 사람들의 행복도를 측정하면 일반인과 별 차이가 없다고 한다. 상상할 수 없을 정도로 행복할 것 같은데. 왜 그럴까? 목매어 기다리던 로또에 정작 당첨되면 하룻밤 또는 며칠이 지나며 흥분은 빨리 사라져 버린다고 한다. 우리는 일상에서 행복을 느끼며 사는 것이 정말로 어려운 것인가? 까뮈는 이러한 우리의 삶과 행복을 그의 수필집

---

*   SKY: sky는 '하늘'이라는 뜻이지만 서울대, 고대와 연대의 약자 속칭으로도 쓰인다.

| 나도 별의 순간을, 와이낫 |

《시지프스의 신화》에서 이야기하고 있다.

까뮈의 《시지프스의 신화》는 인생을 비유하는 강렬한, 그러나 절망적 이미지를 우리에게 심어준다. 시지프스는 신들의 노여움을 사끝없이 바위를 정상으로 밀어 올려야 하는 형벌을 받는다. 그런데 까뮈는 시지프스가 행복하다고 마지막 문장에서 말한다. 왜일까? 어떻게 그는 시지프스가 행복하다고 말할 수 있을까? 굴러 내려오는 바위에 깔리지 않기 위해 온 힘을 다해 정상으로 밀어 올리고 나면 바위는 다시 굴러 내리고 그는 다시 그것을 밀어 올려야 한다. 이 무의미하게 되풀이되는 형벌 속에서 '그는 행복하다'고 어떻게 말할 수 있을까? 글만으로는 까뮈의 철학적 사고를 제대로 캐치하기 힘들다. 그렇다면 뇌과학적으로는 시지프스의 행복을 어떻게 이해할 수 있을까? 생명체의 운명은 크게 보아 시지프스의 그것과 다를 게 없다. 그러나 생명은 그 운명 속에서 진화의 기적을, 그리고 인간은 문명을 이루어 낸다. 생명이 그리고 인간이 행복하지 않다면 어떻게 가능한 일일 수 있겠는가? 뇌과학적으로 시지프스의 행복이 이해될 수 있어야 한다고 생각한다.

뇌는 변화에 민감하도록 설계되어 있다. 우리가 가만히 쉬고 있을 때는 주변을 보고 있으나 의식하지는 않는 상태이다. 그러나 이

때 빠른 물체가 눈앞을 획 지나가면 뇌는 금방 반응한다. 이렇게 변화에는 빨리 반응하고 변화가 없는 지속 상태는 무시하도록 뇌는 설계되어 있다. 그러므로 행운이 닥쳐올 때는 기쁨이 넘치지만 지나고 나면 곧 사라져 버린다. 우리 감정은 변화에 민감하여 미묘한 변화까지도 감지한다. 매일 마시는 같은 커피라도 오늘 커피 한 잔은 어제와 달리 나를 행복으로 이끌 수가 있다. 어제는 그저 습관적으로 마시고 지나갔는데, 오늘 아침에는 머리가 맑아지고 할 일들이 정리되며 의욕을 일으킬 수 있다. 이효석은 《낙엽을 태우면서》에서 깊어가는 가을날, 낙엽 태우는 냄새를 맡으며 피어나는 맹렬한 생활 의욕을 이야기하고 있다. 오늘 커피가 어제 커피의 맛과 얼마나 다르겠으며 낙엽 태우는 냄새가 얼마나 차이가 있겠는가? 감정은 미세한 상황의 변화에도 반응하며 또 다른 여러 감정을 불러일으킨다. 그런데 긴 세월의 큰일들만 행복으로 여긴다면 언제 행복을 맛보겠는가? 《행복의 기원》의 저자 서은국 교수는 그러므로 '작은 행복'을 찾으라고 그의 책에서 제안한다.

시지프스의 운명은 지구상에 존재하는 모든 생명, 특히 동물들의 운명과 너무나 닮아 있다. 매일매일 먹잇감을 구해야 하는 되풀이되는 운명, 어렵게 하루를 넘기고 나면 내일 다시 반복되는 하루, 어떻게 보면 무의미한 반복이다. 우리는 엄청난 중력 속에서 살고 있다.

| 나도 별의 순간을, 와이낫 |

코끼리를 보면 중력의 힘을 느낄 수 있다. 코끼리는 한 번 넘어지면 일어나기가 힘들다. 새끼 코끼리가 물가에서 발을 잘못 짚어 넘어지면 혼자 일어나지를 못한다. 어미가 와도 쉽게 일으키지를 못한다. 그러면 금방 근처의 사자들이 몰려온다. 어미는 혼자 새끼도 일으켜야 하고 사자들의 공격도 막아야 한다. 난감해진다. 그때 큰 코끼리들이 여럿이 몰려들어 조그만 새끼 코끼리를 일으켜 세우기 위해 소동을 벌인다. 그러다가 어미 코끼리가 코로 끌고 밀고해서 간신히 새끼를 일으켜 세우면 그제야 다들 흩어져 돌아간다. 아기 코끼리가 운이 좋은 경우이다. 인간도 마찬가지다. 살다 보면 넘어지기도 하지만 작은 일이 아니다. 언제든지 생명을 위협하는 위험한 상황으로 연결된다. 어찌 넘어지는 정도의 일뿐이겠는가? 그러므로 중력은 시지프스에게나 우리에게 이겨내야 하는 시련이다.

까뮈는 《시지프스의 신화》에서 '살 가치가 있는가'를 먼저 묻는다. 그러고 나서 시지프스의 신화를 이야기한다. 매일 무의미하게 되풀이되는 노동. 고통의 형벌에도 불구하고 그는 마지막에는 시지프스가 행복하다고 말한다. '너 이래도 살고 싶어?'라고 묻는 신들에게, 그는 어떻게 '나 잘 있어(I am fine).'라고 할 수 있었을까?

생명은 그 무의미하게 반복되는 시련 속에서 진화를 한다. 인간은 최초의 생명인 세포가 출현한 이래 30억 년이라는 오랜 시간을 거친 진화의 최상단에 서 있다. 세포에서 인간으로, 이 상상을 초월하는 경이로운 진화가 무의미해 보이는 반복되는 시련 속에서 어떻게 가능했을까? 시지프스의 행복은 잘 몰라도 생명(또는 종이나 우리)의 행복은 어떨까? 종의 행복은 살아남는 것이다. 살아남아서 행복한 것이다. 행복감을 느끼는 길이 살아남는 길이다. 행복감은 삶의 길을 보여주고 생존 경쟁을 헤쳐나가게 해준다. 그러므로 행복은 목적이 아니라 살아남기 위한 수단이라고 과학은 밝히고 있다.* '행복, 불행'의 기본 감정은 '좋다, 싫다'이다. 이는 원시 생명체가 다른 생명체를 만났을 때 다가갈 것인가, 도망갈 것인가를 결정하는 접근과 회피(approach and avoidance)의 행동 양식에 그 뿌리를 두고 있다. 이렇게 볼 때 행복, 즉 좋다는 감정이 삶의 수단이라는 주장이 보다 잘 이해된다.

원시 동물의 경우는 주로 두 감정뿐이겠으나 사람의 경우는 다른 요소들과 결합하며 여러 감정으로 분화된다. 그럼에도 불구하고 접근하고자 하는 행복과 회피하고자 하는 두려움이 기본이 되고 있다. 생명체가 대상에 접근할 때에는 보상을 기대한다. 그리고 살아

---

* 《행복의 기원》 서은국 지음.

| 나도 별의 순간을, 와이낫 |

남게 되면 보상뿐만 아니라 안도와 휴식의 기쁨을 느끼고 도파민이 분비되며 행복을 느낀다. 이 과정이 생명체에서 일어날 때, 생명체의 두뇌에는 생리학적인 변화가 일어난다. 그에게는 새로운 기억이 만들어지거나 강화된다. '시냅스 가소성'(용어설명: '시냅스 가소성' 참조)의 결과이다. 그러므로 생명체에서는 단순 반복은 존재하지 않는다. 사건은 기억되고 경험이 되어 새로운 생명체로 진화한다. 힘든 하루를 무사히 보내고 감사의 기도를 하는 밀레 〈만종〉의 농부는 엄밀하게 말하면 어제와 같은 농부가 아니다. 오늘 보람 있는 하루의 경험을 한 새로운 농부로 태어난다. 새로 태어난 농부는 자연스럽게 더욱 희망찬 내일을 기대하게 된다. 그가 다음 날 아침 떠오르는 태양을 보며 느끼는 벅참과 기쁨은 바로 새로운 기대이고 보상이다. 도파민은 보상이 기대될 때 오히려 더 많이 분비된다고 한다. 도파민이 양의 피드백으로 작용하며 진화를 가속하고 있다. 생명은 적자생존, 반복의 형벌을 도파민의 축복으로 바꾸어 놓고 있다.

시지프스의 힘겨운 바위 밀어 올리기는 땀 흘리며 산정에 오르는 등산을 연상시킨다. 북한산에는 왜 그렇게 많은 등산객들이 줄을 지어 꼬리를 물고 오르는 것일까? 높은 산 오르기는 자주 인생에 비유된다. 우리가 꼭대기만을 염두에 두고 오른다면 아마 금방 지치고 힘들어서 포기하고 집으로 돌아가야 할 것이다. 산을 잘 오르는 요령은 '꼭대기 쳐다보지 않기'라고 한다. 그저 한 발자국만을 보며 가는 것이 실수하지 않게 할 뿐만 아니라 등산의 순간순간을 온전히 즐기며 오를 수 있는 방법이다. 작은 변화에도 민감한 우리의 감정을 최대한 활용하는 방법이다. 이것이 바로 '한걸음 한걸음'의 지혜이다. 어디 등산뿐인가? '한걸음 한걸음'은 높은 산도 쉽게 오를 수 있게 해줄 뿐만 아니라 일상에서도 행복감을 맛볼 수 있게 해주는, 최고의 행복 전략이 아닐까? 행복을 공략하는 살라미 전술이라고나 할까?

바위를 밀어 올리며

근육들이 불끈불끈 솟아오르고

쿵쿵대는 심장 소리를 들으며

바위를 정상에 올리는 순간

시지프스는 어떤 기분일까?

많은 이들이 북한산을 오르는 이유도 시지프스의 작은 행복을 찾아서가 아닐까? 커피 한 잔에 순간적으로 맑아지는 머리, 이때 평화로워지는 시간, 아득히 되살아나는 냄새, 전율을 느끼게 하는 아름다운 선율들은 우리 주변에서 쉽게 구할 수 있는 편의점 행복이고, 쉽게 먹을 수 있는 살라미 행복이다, 그러나 이들이 나를 충만케 하는 행복이 아닐까?

| 나도 별의 순간을, 와이낫 |

슬픔의 승화, 반전의 계기

슬픔은 우리에게 정화(淨化)를 일으키고 새로운 길을 찾는
창조적 정신을 일깨우는 촉매 같은 감정이라고 볼 수 있지 않을까?

∞ 그는 방망이 깎던 노인에게 비싸다고 불평을 하면서도 방망이 하나를 주문하였
다. 그런데 기차 시간에 늦어지는데도 더 다듬는다고 방망이를 주지 않던 노인
에게 화증이 났다. 그런데 집의 아내는 요렇게 알맞은 건 좀체 만나기 어렵다고
야단이다. 그는 비로소 마음이 확 풀리고 노인에 대한 그의 태도를 뉘우친다. 다
음 일요일에 노인을 다시 찾았지만 그는 그 자리에 있지 않았고 허전함과 서운
함, 안타까움을 느꼈다. [그림 인용: http://www.nygc.us/column/26]

요즘에는 코로나가 무서워 집에서 주로 지내고 있다. 좋은 기회다 싶어 책장에 꽂혀만 있던, 그동안 눈여겨보던 수필집을 꺼내어 먼지를 떨어내고 읽기 시작하였다. 그런데 새삼 느끼는 건 슬픔을 주제로 한 작품들이 유독 많은 것이다. 가까운 이를 잃은 슬픔, 짧은 생각이나 경솔한 행동을 후회하고 뉘우치는 슬픔, 계절을 보내며 느끼는 슬픔 등 단골 주제들이 많이 있다. 몇 작품만을 읽어도 그 다양한 슬픔을 접하게 된다. 왜 슬픔이 문학 작품들의 인기 있는 주제가 되고 있을까?

윤오영은 《방망이 깎던 노인》에서 비싸다고 불평을 하면서도 방망이 하나를 주문한다. 그런데 기차 시간에 늦어지는데도 더 다듬

| 나도 별의 순간을, 와이낫 |

는다고 방망이를 주지 않던 노인에게 화증이 난다. 그런데 집의 아내는 예쁘게 깎았다고 야단이다. 요렇게 알맞은 건 좀체 만나기 어렵다는 것이다. 글쓴이는 비로소 마음이 확 풀리고 노인에 대한 그의 태도를 뉘우친다. 다음 일요일에 노인을 다시 찾지만 그는 그 자리에 있지 않았고 허전함과 서운함, 안타까움을 느낀다. 이 허전하고 서운한 마음은 우리에게도 낯익은 슬픔이다.

가을날, 스산한 바람이 불며, 굴러다니는 낙엽을 보면서도, 그 소리만 듣고서도, 우리는 '아, 벌써 가을이, 또 한 해가 가는구나.'라며 가을의 묘하고도 서글픈, 그러나 한편으로는 정화되는 감정을 갖게 된다.

김진섭은 《명명철학》에서 "죽은 아이 나이 세기"라는 말을 떠올리며 부모의 애통한 슬픔을 이야기한다.
"그 아이가 올해 스물…… 아, 우리 철현이가……."
오랜 세월이 흐른 후까지도 잊지 못하는 그 애절함이 전해져온다.

얼마 전에 필통을 잃어버린 기억이 떠오른다. 하찮은 물건인데도 필요할 때, 제자리에 없으니 허전하였다. 물건은 기억에서 사라진다. 그러나 사람은 잊히지 않는다. 수십 년이 지나도 애절한 마음이 절절하다.

앞의 예들을 볼 때, 슬픔이라는 고차원 감정의 공통점은 결국 '상실감'이라 할 수 있지 않을까? 대상의 종류, 사건, 그리고 지난 세월 쌓인 나와의 관계에 따라 그 상실감의 크기와 느낌이 천차만별로 달라진다. 물건의 상실마저도 다양한 스펙트럼의 슬픔을 안겨준다. 그렇다면 이렇게 다양한 슬픔이 우리 삶에서 어떤 역할을 하고 있을까?

진화의 법칙을 밝힌 다윈은 감정을 생명체의 본능인 접근과 회피(approach and avoidance)를 양단으로 하는 연속선상에서 여섯 성분으로 분류하였다. 양 끝에 행복과 두려움(fear: 불안과 공포)을 두고 그 중간에 놀람, 혐오, 슬픔, 화(분노)의 네 가지 감정을 두었다. 최근 연구에서도 이런 분류의 감정들이 인류 보편적 감정 표현임을 보이고 있다. 그런데 슬픔의 다양한 상실감은 얼핏 '접근과 회피'의 생존 감정 분류에 해당하지 않는 것처럼 느껴진다. 그러면 슬픔은 접근 회피와 다른 독립된 감정일까? 쥐를 새로운 장소에 데려다 놓으면 불안 특성을 나타낸다. 요리조리 돌아다니는 탐색을 멈추고 구석으로 피하는 불안 반응을 보인다. 불안 상태의 특성은 불확실성이다. 가족의 상실은 우리가 당하는 망극한 슬픔이다. 그러나 이들의 상실로부터 일어나는 장래의 불확실성이 슬픔의 가장 큰 본능적 뿌리일 것이다. 슬픔은 삶의 다양성이 이 불확실성을 통해 생존 본능으로 투영되는 감정이라고 할 수 있지 않을까? 결국 두려움(fear)과 통하는 감정이라고 이해할 수 있다.

갇혀 지내는 요즈음 동네 공원을 자주 이용하고 있다. 야트막한 동산에 조성된 공원인데 산책로가 황토 흙길이다. 날씨가 좋을 때 진흙 길은 아주 걷기에 좋다. 그래서 신발을 벗어 들고 맨발로 걷는 사람들도 자주 눈에 띈다. 며칠 전 조간신문에 실린 '맨발 걷기의 놀라운 효과'를 믿는 이들일 것이다. 그러나 비가 오래 오거나 눈이 쌓였다 녹으면 질척한 길로 변해 버린다. 다시 마르면 울퉁불퉁하고 구멍이 많은 길이 된다. 어두운 밤에 산책을 나서면 여기저기 이런 구멍들에 신경이 쓰인다. 그러나 오히려 이런 불안한 긴장 상태가 건강에는 좋다고 한다. 그래서 걸으려면 산길을 걸으라고 한다.

가족사진을 보며 빠진 자리의 상실감, 늦가을 풍경에서 느끼는 시간이나 기회의 상실감, 아끼던 물건을 잃어버린 허전함 등 슬픔의 상실감도 산길 걷기처럼 불안의 순기능을 가지고 있다고 생각한다. 마치 메기효과처럼*. 아니 그저 단순한 메기효과의 순기능 정도가

---

* 메기효과(catfish effect): 과거 유럽 어부들이 북해 연안에서 잡은 청어를 멀리 보낼 때 (그냥 보내면 수송 과정에서 많이 죽는다) 수조에 천적인 메기를 한 마리 넣어 놓으면 이를 피해 다니느라 내내 긴장한 청어를 싱싱한 상태로 운송할 수 있었다는 주장에서 비롯된 것으로 알려졌다.

아닐지 모른다.

　스티브 잡스는 대학을 자퇴하고 차고에서 시작하여 일으켜 세운 자신의 애플사에서 쫓겨났던 쓰라린 경험을 스탠퍼드대 졸업식 축사에서 털어놓았다. 애플에서 쫓겨난 잡스는 방황하며 무얼 할지 알지 못했다. 실리콘 밸리를 떠나려고도 하였다. 그러나 그에게 서서히 드러난 것은 해고에도 불구하고 자신이 그동안 해오던 일들을 여전히 좋아하며 사랑하고 있다는 것이었다. 그는 다시 시작하였고 그의 인생에서 가장 창조적 시기를 맞았다고 한다. 애플에서 쫓겨난 혹독했던 슬픔이 그를 초심으로 돌아가 새로운 사업을 밑바닥부터 시작할 수 있게 하였다고 한다. 애플이 크게 성공하며 자신에게 초심자의 가벼움 대신에 성공의 완고함이 점차 자리 잡게 되었다고 고백한다. 그러나 애플 해고의 슬픔이 결국은 그를 성공의 고삐로부터 자유로워질 수 있게 하였다고 한다.

　슬픔은 자신을 구성하던 존재가 사라지는 감정이다. 어쩔 수 없이 자신을 돌아보게 하는 감정이다. 우리가 자신을 되돌아보며 초심을 회복하고 뿌리에 닿게 하는 반전의 감정이다. 단순히 허전할 뿐인 감정이 아니라 잡스의 경우처럼 슬픔은 우리에게 정화(淨化)를 일으키고 새로운 길을 찾는 창조적 정신을 일깨우는 촉매 같은 감정이

　　　　　　　| 나도 별의 순간을, 와이낫 |

라고 볼 수 있지 않을까? 그래서 슬픔의 이러한 다양성과 창조의 촉매 작용이 우리 문학에 많은 아름다운 슬픔의 작품들을 낳은 이유인 것 같다.

용어설명

1. 신경구조: 척추동물의 신경은 세 부분, 즉 정보를 받아들이는 곳인 수상돌기(dendrite, 즉 입력부위), 세포체, 그리고 정보를 내보내는 역할을 하는 축삭(axon) 부분으로 되어 있다. 세포체는 일반적으로 수상돌기로부터 신호를 받는데, 반드시 그런 것은 아니라서 어떤 경우에는 세포체가 직접 자극을 받기도 한다. 축삭은 기다란 돌기로서 신호를 먼 거리까지 전달할 수 있도록 특화되어 있다. 미엘린수초가 그러한 특수 역할을 한다. 축삭은 미엘린수초에 싸여 있다. 이 수초는 일정한 간격을 두고 끊어져 있어서 그 부분에서는 축삭의 막이 세포외액에 직접 노출된다.

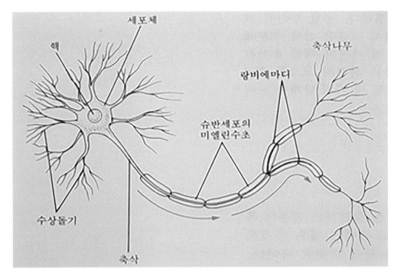

∞ 척추동물의 신경은 세 부분, 즉 정보를 받아들이는 곳인 수상돌기(Dendrite, 즉 입력부위),
세포체, 그리고 정보를 내보내는 역할을 하는 축삭(Axon) 부분으로 되어 있다. (그림 인용:
《생물학》*)

2. 활동전위(action potential, 또는 작동전위)**:** 활동전위는 축삭을 따라
이동해 가는 멤브레인 탈분극의 파동이라고 할 수 있다. 뉴런이 자
극되면 수상돌기나 세포체는 받아들인 전기적 신호를 축삭 입구까
지 전달하며 축삭 입구에서는 활동전위가 생성되고 이것이 축삭을
따라 축삭 말단까지 전달된다. 축삭은 활동전위를 생성하기 위한 역
치전위(threshold voltage, 문턱전위)를 가지며 많은 경우 -40~-50mV 정

---

* 《생물학》원저자; 로버트 A. 월리스 외 2인, 역자; 이광웅 외 7인 (1993).

도 된다. 일단 역치에 도달하게 되면 활동전위는 축삭의 전길이에 걸쳐 같은 크기로 전도되어 나간다. 자극의 강도가 커지면 활동전위의 빈도가 증가하여 뇌는 활동전위의 빈도로 자극의 강도를 해석하게 된다. 그러므로 압정을 밟으면 콩을 밟을 때보다 더 큰 빈도의 활동전위를 만들어 내게 된다.

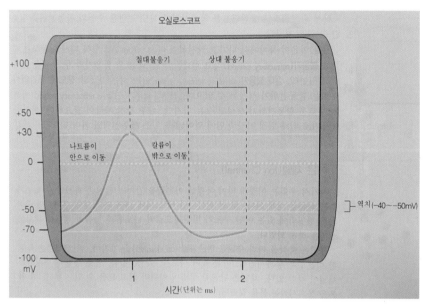

∞ 뉴런이 자극되면 수상돌기나 세포체는 전기적 신호를 축삭 입구까지 전달하며 축삭 입구에서는 일정한 모양의 활동전위가 생성되고 이것이 축삭을 따라 축삭 말단까지 전달된다. 축삭은 활동전위를 생성하기 위한 (-40 ~ -50 mV) 정도의 역치전위(threshold voltage)를 갖는다. 일단 역치에 도달하면 활동전위는 축삭의 전 길이에 걸쳐 같은 크기로 전도되어 나간다. (인용:《생물학》[*])

───────────────

* 《생물학》 원저자: 로버트 A. 윌리스 외 2인, 역자: 이광웅 외 7인 (1993)

3. 피드백 특성: 전자회로에서 음의 피드백의 역할은 온도를 일정하게 유지하기 위한 온도조절기에서 볼 수 있다. 실내 온도가 설정 온도보다 낮으면 열을 가하고 반대로 높으면 열 공급을 차단한다. 양의 피드백은 그 반대로 작동하며 따라서 온도가 높을 때 열을 더 가하는 신호이다. 그러므로 실내 온도는 계속 올라가며 결국은 폭발적 상황이 된다. 그러므로 양의 피드백은 온도조절기에는 적당하지 않다. 그러나 우리 뇌의 학습, 탐구, 창조 과정에서 양의 피드백은 이들 과정을 가속하는 아주 중요한 역할을 한다.

4. 시뮬레이션 (simulation 또는 매칭, matching)**:** 실제로 수행하기 어려운 실험을 알려진 정보를 바탕으로 그 실험의 실현 여부 내지 결과를 컴퓨터상에서나 사고실험을 통해 행하는 모의실험을 뜻한다. 특히 컴퓨터를 이용하여 모의실험을 할 때는 컴퓨터 시뮬레이션이라고 한다. 예를 들어, 미사일의 낙하지점을 시뮬레이션할 때, 레이다로 측정한 미사일의 몇 개의 측정 데이터를 궤도 방정식에 대입해 얻은 결과와 비교하며 최적값을 찾아 낙하지점을 예상한다. 우리의 인식에서는 이때 사용하는 궤도 방정식과 같은 역할을 하는 것이 우리의 인식틀, 사고틀이라고 할 수 있다.

5. 대뇌 피질 부위별 명칭과 기능: 인간의 대뇌반구는 전두엽, 두

정엽, 후두엽, 측두엽의 4개의 엽으로 되어 있다. 뒤쪽에 있는 부분이 후두엽인데, 이것은 시신경에서 시각 정보를 받는 부위를 말하며 여기서 시각이 분석된다. 측두엽은 뇌의 양측면에 있는데, 그 모양이 권투 장갑의 엄지손가락을 닮았고 그 앞에는 깊은 골인 측렬 (lateral fissure)이 있다. 측두엽은 주로 청각과 후각에 관계되는 감각 부위로부터 정보를 받아 처리하는 역할을 한다. 전두엽은 대뇌의 앞쪽 부분이다. 전두엽의 일부는 의식적인 움직임을 조절하는 일에 관여하며 또 다른 부분은 말을 할 수 있도록 하는 언어중추라고 생각된다. 전두엽의 바로 앞은 전전두엽(prefrontal area)이라고 불린다. 감각 정보의 분류가 주요 기능이다. 두정엽은 전두엽 바로 뒤에 놓여 있는데, 이들 두 엽은 중심렬(central fissure)이라 불리는 깊은 골에 의해 분리된다. 두정엽은 피부의 감각수용기로부터 감각을 받는 부분과 몸의 자세나 위치를 감지하는 부위를 포함하고 있다.

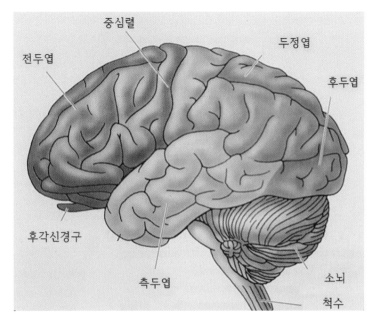

∞ 인간의 대뇌반구는 전두엽, 두정엽, 후두엽, 측두엽의 4개의 엽으로 되어 있다.

6. 시냅스(또는 뇌신경) 가소성: 시냅스는 두 신경의 연결점, 즉 연결 구조를 일컫는다. 시냅스 가소성은 시냅스(또는 뇌신경)의 변형성, 성형성, 적응성을 뜻한다. 시냅스 가소성은 시냅스가 활동의 증가 또는 감소에 반응하여 시간이 지남에 따라 강화 또는 약화되는 능력이다. 시냅스의 구조는 전신경의 축삭터미날과 후신경의 수상돌기가 마주하고 있다. 신호의 전달은 축삭터미날이 방출하는 전하(charge, 또는 전기)를 띈 신경전달물질이 후신경의 수상돌기를 통해 전달되는 방식이다

7. 시상(thalamus): 시상은 쌍으로 된 구조이며 뇌의 중심부 뇌실의 양쪽에 걸쳐 있다. 시상은 '위대한 역(grand central station)'으로 불린다. 대뇌로 가는 대부분의 감각 정보가 이곳을 지나가야 하기 때문이다. 시상은 여러 감각기관에서 대뇌 피질로 감각 정보를 전달하기 전에 통합하고 분류하여 적절한 대뇌 부위로 보내고 전달하는 감각의 자극을 중계하는 중계핵으로 작용한다. 또한 대뇌로부터 신호를 받아 그것을 다시 소뇌로 보낸다. 또 시상은 의식을 유지하는 역할을 하는 피질에 신경충격을 전달하는 특별한 임무를 갖는다.

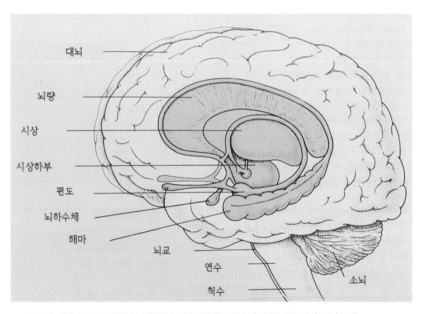

∞ 시상은 쌍으로 된 구조이며 뇌의 중심부 뇌실의 양쪽에 걸쳐 있다. 시상은 '위대한 역(Grand Central Station)'으로 불린다. 대뇌로 가는 대부분의 감각 정보가 이곳을 지나가야 하기 때문이다. (인용: 《생물학》)

| 나도 별의 순간을, 와이낫 |

8. 제논의 궤변(일명 토끼의 궤변): '거북이가 앞에 가고 토끼는 뒤에서 쫓아간다. 토끼의 속도는 거북이 속도의 두 배이다. 그러나 토끼는 거북이를 앞지르지 못한다. 왜냐하면, 거북이는 항상 토끼가 간 거리의 1/2 거리 앞에 있을 것이기 때문에 토끼는 절대 거북이를 앞지르지 못한다.' 이는 제논의 궤변으로 알려져 있으나 우리가 종종 빠지곤 하는 인식의 함정 패턴이다.

9. 장론: 뉴턴의 만유인력 법칙은 인류가 최초로 발견한 우주의 법칙이다. 세상이 하나의 법칙을 따라 돌아간다는 것을 처음으로 인류가 알아낸 것이다. 그러나 뉴턴은 나무에 매달린 사과가 우주의 모든 물체와 어떻게 만유인력을 작용할 수 있는지를 이해하지 못하였다. 뉴턴의 이 원격작용 문제를 해결한 사람은 전기장 개념을 도입한 마이클 파라데이였다. 즉 전하는 주변 공간에 전기장을 형성한다. 그러므로 상대 전하는 자신의 위치에 만들어진 전기장과만 작용하면 된다. 즉 아무리 멀리 떨어져 있어도 이미 첫 전하가 우주 공간에 만들어 놓은 전기장과 작용하기만 하면 된다. 원격작용의 의문점이 자연스럽게 해결되는 것이다. 마찬가지로 중력도 중력장을 통해 상호작용을 하게 되며 원격작용의 문제는 사라지게 된다.

10. 복잡계(複雜系, complex system): 전통적으로 물리학이 다루어

오던 완전한 질서계나 완전한 무질서계의 중간 영역에 존재하는 계로써, 수많은 개체들로 구성되어 있으며 그들 사이의 상호작용에 의해 집단성질이 떠오르는 다체계이다. 또 다른 표현은 "복잡계는 그 특징이 구성 요소들을 이해하는 것만으로는 완벽히 설명이 되지 않는 시스템이다. 복잡계는 상호작용을 하며 얽혀 있는 수많은 개체들로 구성되어 있다." 예를 든다면, 실제로 우리 주변 대부분의 현상은 복잡계 현상이라고 할 수 있다. 기상문제, 경제문제, 정치, 종교, 전쟁 등은 모두 복잡계를 다루고 있다. 생명과 뇌는 복잡계 가운데서도 가장 복잡한 복잡계이다.

나도
별의 순간을,
와이낫

초판 1쇄 발행 2022. 5. 20.

지은이 방형찬
펴낸이 김병호
펴낸곳 주식회사 바른북스

편집진행 임윤영
디자인 양헌경

등록 2019년 4월 3일 제2019-000040호
주소 서울시 성동구 연무장5길 9-16, 301호 (성수동2가, 블루스톤타워)
대표전화 070-7857-9719 | **경영지원** 02-3409-9719 | **팩스** 070-7610-9820

•바른북스는 여러분의 다양한 아이디어와 원고 투고를 설레는 마음으로 기다리고 있습니다.

이메일 barunbooks21@naver.com | **원고투고** barunbooks21@naver.com
홈페이지 www.barunbooks.com | **공식 블로그** blog.naver.com/barunbooks7
공식 포스트 post.naver.com/barunbooks7 | **페이스북** facebook.com/barunbooks7

ⓒ 방형찬, 2022
ISBN 979-11-6545-738-9 03190